LAUPHEIMER GESPRÄCHE 2018

Haus der Geschichte Baden-Württemberg
Urbansplatz 2 · 70182 Stuttgart
Tel.: 0711 / 212-39 50 · Fax: 0711 / 212-39 59
E-Mail: hdg@hdgbw.de · www.hdgbw.de

Besucherdienst Tel.: 0711 / 212-39 89
E-Mail: besucherdienst@hdgbw.de

**Der vorliegende Band wurde gedruckt
mit freundlicher Unterstützung der**

 Stiftung BC – gemeinsam
für eine bessere Zukunft
Kreissparkasse Biberach

Bibliografische Information der Deutschen Nationalbibliothek
Die Deutsche Nationalbibliothek verzeichnet diese Publikation
in der Deutschen Nationalbibliografie;
detaillierte bibliografische Daten sind im Internet
über http://dnb.d-nb.de abrufbar.

Antisemitismus in Geschichte und Gegenwart
Herausgeber: Haus der Geschichte Baden-Württemberg
1. Auflage, Heidelberg 2019, Universitätsverlag Winter
(Laupheimer Gespräche 2018)

Redaktion: Cornelia Hecht
Reihengestaltung und Layout: Anja Harms, Oberursel
www.anja-harms.de

ISBN 978-3-8253-4614-0

Den Verlag erreichen Sie im Internet unter:
www.winter-verlag.de

LAUPHEIMER GESPRÄCHE

HERAUSGEGEBEN VOM HAUS DER GESCHICHTE BADEN-WÜRTTEMBERG

LAUPHEIMER GESPRÄCHE 2018

ANTISEMITISMUS IN GESCHICHTE UND GEGENWART

INHALT

PAULA LUTUM-LENGER, STUTTGART

EINFÜHRUNG

2018 beschäftigten sich die Laupheimer Gespräche mit dem Antisemitismus. Dabei haben wir nicht nur die Geschichte, sondern die Gegenwart in Deutschland, Europa und den USA in den Blick genommen. Denn anders als wir alle gehofft hatten, ist Antisemitismus heute wieder Alltag in Deutschland, in vielen Ländern Europas und in den USA. Die jüdischen Gemeinden spüren und wissen es längst, nun beginnen auch andere langsam den Ernst der Lage zu erkennen. Medien, Öffentlichkeit, Politiker, Bürger und Bürgerinnen sind aufgeschreckt, viele erschrecken über das Ausmaß an Hass, das Juden in aller Welt entgegenschlägt. Die Bundesregierung wie auch einige Landesregierungen haben Antisemitismusbeauftragte berufen. Sie sollen eine Abwehrstrategie entwickeln und die Akteure und Institutionen, die sich im Kampf gegen den Antisemitismus engagieren, besser miteinander vernetzen. Antisemitismusforscher haben bereits vor über 10 Jahren davor gewarnt und in Studien belegt, dass judenfeindliche Ressentiments auf dem Vormarsch sind und drohen, abermals gesellschaftsfähig zu werden.

„Vor Antisemitismus aber ist man nur noch auf dem Mond sicher" schrieb Hannah Arendt vor über 70 Jahren, am 26. Dezember 1941, im „Aufbau", der Zeitung für deutsch-jüdische Emigranten. Von Oktober 1941 bis zum April 1945 publizierte sie dort regelmäßig eine politische Kolumne. Die Texte handeln vom Existenzkampf der Juden in Europa und seinen unterschiedlichen, teilweise widersprüchlichen Formen. So „stellen Juden sich heute zu dem großem Kampf um ihre Existenz" schrieb sie bitter ironisch über die allgemeine Stimmungslage. „Die einen überzeugt, dass ‚keiner weiß, daß ich Rumpelstilzchen heiß'. Die anderen selig in dem Bewußtsein, den Zeitgeist zu personifizieren, in dem sie ausgerottet werden. Und die dritten ängstlich darauf bedacht, nicht mehr zu verteidigen und nichts zu fordern als jüdisches Territorium in Palästina, [...] als das Stückchen Erde, auf dem man hofft, vor Antisemitismus sicher zu sein. Vor Antisemitismus aber ist man nur auf dem Mond sicher". Hannah Arendt hat Recht behalten. Auch die Gründung des Staates Israel vor über 70 Jahren hat Juden nicht vor Antisemitismus bewahrt. Heute richtet sich ein beträchtlicher Teil judenfeindlicher Äußerungen und Handlungen gegen den jüdischen Staat. Diese hasserfüllte Dämonisierung zielt auf nicht weniger ab als auf die Zerstörung Israels.

Wir stehen gegenwärtig einer Welle des unverblümt öffentlich geäußerten Antisemitismus gegenüber. Deshalb ist das Erkennen von Judenfeindschaft in der Sprache wichtig, gerade und besonders im 21. Jahrhundert. Das verdeutlichen die Forschungen der Sprach- und Kognitionswissenschaftlerin Monika Schwarz-Friesel. Seit vielen Jahren befasst sich die Antisemitismusforscherin mit den verbalen Manifestationen der aktuellen Judenfeindschaft. Sie hat die geistigen Konzepte und emotionalen Ressentiments judeophober Einstellungen anhand von schriftlichen Verlautbarungen an den Zentralrat der Juden in Deutschland und die Israelische Botschaft in Berlin analysiert. In einer großangelegten Studie hat sie die sozialen Medien – Twitter, Facebook, aber auch auf You tube – untersucht und beschreibt in ihrem Beitrag, wie sich dort eine „Netzkultur des Hasses" ausbreitet. Im digitalen Zeitalter, hebt Monika Schwarz-Friesel hervor, haben sich zwar oberflächliche Formen und kommunikative Prozesse verändert, der alte kollektive Hass gegenüber Juden ist jedoch ungebrochen die semantische Grundlage. In ihrem Beitrag erklärt sie, warum und inwiefern Antisemitismus ein auf judeophoben Stereotypen basierendes Weltdeutungssystem ist.

Ebenso zentral wie das Erkennen von Judenfeindschaft in Sprache ist das Erkennen in Bildern. Eine erste Anregung für unser Tagungsthema haben Cornelia Hecht und ich im August 2017 erhalten, als wir in der Frankfurter Allgemeinen Sonntagzeitung auf einen Artikel gestoßen sind, der überschrieben war, „Eine große Sauerei". Unter diesem Titel wurde im Lutherjahr die Frage verhandelt, wie man mit judenfeindlichen Skulpturen an deutschen Kirchen umgehen soll. Sollte man die „Judensäue" aus den

Kirchen herausschlagen – oder in ihrer Nähe erklärende und/oder distanzierende Tafel anbringen, die die Schmähskulpturen historisch einordnen? Lange Zeit stellte sich diese Frage gar nicht, da kaum jemand – außer Theologen und Kirchenhistoriker – die Skulpturen überhaupt wahrgenommen hatten. Das änderte sich, als vor gut 15 Jahren der Aktionskünstler Wolfram P. Kastner gemeinsam mit einem Mitstreiter durch Kunstaktionen in zahlreichen deutschen Städten öffentlichkeitswirksam die Schmähskulpturen zum Thema machte. In seinem Beitrag berichtet er von einigen seiner Kunstaktionen gegen die „Judensau"-Schmähskulpturen und den Reaktionen darauf. Dabei wird offensichtlich, wie schwer es den zuständigen Institutionen auf kirchlicher und staatlicher Seite fiel und zum Teil noch fällt, einen angemessenen Umgang mit diesen bis heute Juden diffamierenden Skulpturen im öffentlichen Raum zu finden.

Michael Koch, pädagogischer Leiter des Museums zur Geschichte von Christen und Juden, schildert uns am Beispiel ausgesuchter Biografien und Objekte aus der Ausstellung des Museums, dass auch in Laupheim judenfeindliche Ressentiments und Verhaltensweisen das Zusammenleben von Christen und Juden beeinflussten. In seinem Beitrag geht er der Frage nach, wie die Zeugnisse der Judenfeindschaft vor Ort pädagogisch so aufbereitet werden können, dass SchülerInnen weder nur historisches Sachwissen vermittelt wird noch Juden stets aufs Neue in eine Opferrolle gedrängt werden. Er plädiert dafür, die perfiden antisemitischen Anfeindungen nicht nur als historische Ereignisse zu behandeln, sondern SchülerInnen auch Bewertungen abzuverlangen. Überdies sind Juden als aktiv Handelnde in den Blick zu nehmen und zugleich Bezüge zur Gegenwart herzustellen im Hinblick auf die Diskriminierung und Stigmatisierung von Minderheiten heute.

Der Literaturwissenschaftler Guy Stern stellt uns in seinem Beitrag drei amerikanische Romane vor, die den aktuellen oder potentiellen Verfall der amerikanischen Demokratie und den Übergang in die Diktatur prophezeien. Der sogenannte amerikanische Traum verwandelt sich ins genaue Gegenteil, in eine Dystopie. Zwei Schriftsteller und eine Schriftstellerin – Sinclair Lewis, Philip Roth und Laura Z. Hobson haben in ihren Romanen den Antisemitismus in den Vereinigten Staaten aufgegriffen und seine allgegenwärtige Virulenz beschrieben. Guy Stern zeigt auf, wie Sinclair Lewis und Philip Roth eine untrennbare Verbindung herstellen zwischen dem Aufstieg diktatorischer (rassistischer) politischer Verhältnisse und antisemitisch motivierter Verfolgung und Gewalt. So zeigen beide Romane, wo Demokratien bekämpft oder gestürzt werden, radikalisiert sich der Antisemitismus und dient Diktatoren als Ventil oder Vorwand, eigene Interessen durchzusetzen.

Marc Grimm, wissenschaftlicher Mitarbeiter an der Universität Bielefeld, behandelt in seinem Beitrag das Verhältnis der AfD zum Antisemitismus, zur deutschen Erinnerungskultur sowie zu Israel und damit Themen, die in der medialen Auseinandersetzung mit der AfD zwar immer wieder aufgegriffen werden, die aber zuletzt hinter Anti-Islamismus und Migrationsfeindlichkeit zurückgetreten zu sein scheinen. In seiner Analyse spannt Grimm den Bogen von den Auseinandersetzungen um den baden-württembergischen AfD-Landtagsabgeordneten Wolfgang Gedeon bis zu den Vorfällen um die Rede im bayrischen Landtag von Charlotte Knobloch aus Anlass des Gedenktages zur Befreiung von Auschwitz im Januar 2019.

Der Kreissparkasse Biberach danken wir auch in diesem Jahr für die großzügige finanzielle Unterstützung der 19. Laupheimer Gespräche. Wir bedanken uns für die großzügige finanzielle Unterstützung unserer Veröffentlichung. Die Stadt Laupheim hat erneut die Veranstaltung gefördert.

Das Haus der Geschichte dankt dem Team vom Kulturhaus der Stadt Laupheim und dem Team des Museums zur Geschichte von Christen und Juden für die Gastfreundschaft und die tatkräftige Unterstützung dieses Symposiums.

Meine Kollegin Cornelia Hecht hat nicht nur die wissenschaftliche Konzeption der heutigen Tagung entworfen, sondern vor über 15 Jahren auch maßgeblich an der wissenschaftlichen Konzeption des Museums zur Geschichte von Christen und Juden mitgearbeitet. Zudem ist sie durch vielfältige Aufsätze zum Antisemitismus und zur jüdischen Geschichte bestens ausgewiesen. Es ist ihr einmal mehr gelungen, ausgewiesene Experten zu diesem Thema zu gewinnen. Neben all ihren Verpflichtungen als vielbeschäftigte Ausstellungskuratorin hat sie die Mühen eines einfühlsamen und kenntnisreichen Lektorats gemeistert. Ihre Hartnäckigkeit hat das pünktliche Erscheinen des Buches ermöglicht. Das verdient allergrößte Anerkennung und ich möchte ihr dafür meinen ganz persönlichen Dank aussprechen. Für die grafische Gestaltung des Bandes danken wir Anja Harms. Thomas Kärcher hat ein verdienstvolles und vorbildliches Register erstellt.

Prof. Dr. Paula Lutum-Lenger
Leiterin des Hauses der Geschichte
Baden-Württemberg

MONIKA SCHWARZ-FRIESEL, BERLIN

ANTISEMITISMUS 2.0 –
ALTER HASS IN NEUER FORM

„Und brennen sollt ihr alle..."
Facebook-Eintrag anlässlich der Waldbrände in Israel 2016

Antisemitismus 2.0: der ‚neue alte' Judenhass als Vernichtungswille

Weltweit nimmt die öffentliche Verbreitung von Antisemitismen über das Web 2.0 drastisch zu. Judenfeindliche Äußerungen sind nahezu überall im online-Alltagsdiskurs anzutreffen. Uralte judenfeindliche Stereotype verbinden sich mit aktuellen Konzeptualisierungen. Die Basis von Judenhass zeigt sich unabhängig von politischen, sozialen, ideologischen und ökonomischen Faktoren als ein kultureller Gefühlswert, der auf der Wahnvorstellung fußt, Juden seien das Übel in der Welt. Anhand zahlreicher Beispiele aus der Internet-Kommunikation wird erörtert, dass sich zwar oberflächliche Formen und kommunikative Prozesse im digitalen Zeitalter verändern, der alte kollektive Hass gegenüber Juden jedoch ungebrochen die semantische Grundlage ist.

Es wird erklärt, warum Antisemitismus nicht bloß ein Vorurteilssystem ist, sondern ein auf judeophoben Stereotypen basierendes Weltdeutungssystem, das in den abendländischen Denk- und Gefühlsstrukturen verankert ist. Über Sprachgebrauchsmuster werden judenfeindliche Stereotype ständig reproduziert und bleiben damit im kollektiven Bewusstsein. Auch die Erfahrung des Holocaust hat diese Tradition nicht gebrochen. Den aktuellen Antisemitismus und seine derzeit dominanten Manifestationen des Anti-Zionismus und Anti-Israelismus kann man daher nicht ohne seine kulturhistorische Dimension verstehen.

Einleitung: Antisemitismus hier und heute

Deutschland 2019: Es vergeht mittlerweile kaum ein Tag, an dem nicht ein antisemitischer Vorfall gemeldet wird. Judenhass hat 70 Jahre nach der Erfahrung Auschwitz wieder ein dramatisches, furchterregendes Ausmaß angenommen: Verbale Gewalt in Form von Beleidigungen, Drohungen und Beschimpfungen in den Medien und auf den Straßen, Mobbing von jüdischen Kindern an Schulen, Verwüstung und Schändung jüdischer Einrichtungen, physische Attacken, Mordanschläge. Die Palette antisemitischer Delikte ist breit und hoch brisant. Jüdinnen und Juden fühlen sich erneut besorgt und ängstlich. Neueste Umfragen zeigen, wie sehr sich ein „neues Unbehagen"(so auch der Titel eines aktuellen Sammelbandes zum Thema)[1] in den jüdischen Gemeinden nicht nur in Deutschland, sondern weltweit breit gemacht hat. Hinzu kommt, dass die primäre Manifestationsform des aktuellen Judenhasses, das Wüten gegen Israel, fast schon Normalität im gesamtgesellschaftlichen Diskurs ist, und ausgerechnet dieser weit verbreiteten Form des Antisemitismus am wenigsten entgegengesetzt wird. Dies hängt auch damit zusammen, dass Antisemitismusleugnung, mittlerweile ein integraler Bestandteil des öffentlichen Diskurses, hinsichtlich dieser israelbezogenen Ausprägung des Judenhasses besonders virulent auftritt. Man hetzt sprachlich gegen den jüdischen Staat mit allen gängigen Antisemitismen, also verbalen Mitteln der judeophoben Hasssprache, doch Antisemit möchte niemand genannt werden. So haben sich nach 1945, und insbesondere in den letzten 20 Jahren, kommunikative Strategien entwikkelt, um einerseits judenfeindliches Gedankengut indirekt und unter der Tarnkappe zu artikulieren, anderseits den Vorwurf des Antisemitismus abzuwehren durch Umdeutungen, Relativierungen und Leugnungen.

In diesem Beitrag werden die wesentlichen Manifestationen des aktuellen Antisemitismus komprimiert erörtert. Dabei wird erklärt, inwieweit Judenfeindschaft ein kulturell verankertes Ressentiment ist und nur als solches bekämpft werden kann. Der Fokus liegt auf dem tradierten Hass, der sich besonders im Web 2.0 in den sozialen Medien als virale Erlösungsphantasie manifestiert. Dabei werden jüngste Ergebnisse einer empirischen Langzeitstudie zum digitalen Antisemitismus 2.0[2] berücksichtigt, die zeigen, wie sich ein globaler Vernichtungswille, artikuliert über verbale Gewalt- und Verschwörungsphantasien, Morddrohungen und Verwünschungen, den Judenhass 2.0 heute wie gestern prägt.

Antisemitismusforschung: Warnung ohne Konsequenzen?

Dass Antisemitismen hör- und sehbarer geworden sind, dass Judenfeindschaft lauter und aggressiver auftritt: Dies ist eine in diesen Tagen in den Medien viel reproduzierte Erkenntnis der empirischen Antisemitismusforschung, die allerdings – weitgehend ungehört – seit 10 Jahren vor Ausbreitung und Normalisierung des modernen Judenhasses warnt: „Judenfeindliche Ressentiments [...] sind kein Randgruppenphänomen. In den letzten Jahren ist die Hemmschwelle, antisemitische Inhalte öffentlich zu äußern, auch in der Mitte der Gesellschaft gesunken. Israel dient dabei besonders häufig als Projektionsfläche der Judenfeindschaft. Im öffentlichen und medialen Diskurs trifft vor allem der Verbal-Antisemitismus immer stärker auf ein hohes Maß an Akzeptanz bzw. Gleichgültigkeit. Während der Antisemitismus extremistischer Gruppen sanktioniert wird, stoßen auf Israel bezogene antisemitische Manifestationsformen [...] kaum auf energischen Widerspruch [...]."[3] Was derzeit in zahlreichen Interviews gebetsmühlenartig und mit Leerformeln als „neu", „erschreckend" und besorgniserregend" verkündet wird, dass Antisemitismen offener und radikaler seien, dass sie „salonfähig seien", dies ist – wie der Text aus dem Jahr 2010 belegt – gar nicht neu und überraschend für die empirische Antisemitismusforschung, die seit langem mahnend erschreckende Forschungsergebnisse in die Öffentlichkeit trägt, allerdings ohne große Resonanz. AntisemitismusforscherInnen sind wie die Mahner in der Wüste, viel Resonanzraum, aber die Bedenken der Experten verfliegen in der Luft, werden relativiert oder gar nicht zur Kenntnis genommen. Man stelle sich einmal vor, man diskutierte mit Vertretern von Selbsthilfegruppen und Krankenkassen, mit Journalisten und Politikern über Möglichkeiten der Therapie bei Tumorzellen im Gehirn, ohne Gehirnforscher und Mediziner, die darauf spezialisiert sind, einzuladen. Niemand würde solche Aktivitäten allzu ernst nehmen.

Genau dies jedoch passiert beim Thema Antisemitismus nahezu jede Woche: Publizisten, Journalisten, Betroffene, politische Funktionäre stellen sich medial ein und geben Ratschläge, erörtern mögliche Gründe und Konsequenzen.

Doch eine effektive Therapie bedarf einer guten Diagnose, und die ist nur von ausgewiesenen Experten zu erarbeiten. Dass die mahnenden Worte und Warnungen angesichts bedrohlicher Szenarien nicht immer aufgegriffen werden, liegt auch daran, dass sich Deutschland noch immer an das Bild der aufgeklärten Post-Holocaust-Gesellschaft klammert, die aus den Schrecken der Geschichte gelernt habe und geläutert hervorgegangen sei. Antisemitismus wird oft als ein Randgruppenphänomen von rechten Extremisten gesehen. Doch Judenfeindschaft ist ein gesamtgesellschaftliches Phänomen und die wenigen, zumal oft halbherzigen, erst Mitte der 1960er Jahre nach den Auschwitzprozessen begonnene Aufklärungsarbeit hatte, wie sich jetzt überdeutlich zeigt, gegen das zweitausend Jahre tradierte Ressentiment gegen Juden und Judentum keine wirkliche Chance. Nicht einmal der Holocaust hat dem Judenhass den Boden entzogen. Warum nicht? Weil Judenhass nicht ein bloßes Vorurteilssystem unter vielen ist, sondern ein auf judeophoben Stereotypen basierendes unikales Glaubens- und Weltdeutungssystem, das tief in den abendländischen Denk- und Gefühlsstrukturen des kulturellen Gedächtnisses eingegraben ist.[4]

Und wie schwer es immer noch fällt, die dunkle Seite des Abendlandes als solche zu benennen, erkennt man u. a. an den endlosen und kontrovers geführten Debatten um Namensänderungen von Universitäten, z. B. bei Ernst Moritz Arndt oder Peter Wilhelm Beuth. Mit dem Verweis auf die Verdienste dieser Herren werden ihre antisemitischen Hetztexte und Hassreden gegen Juden relativiert und „im Rahmen der damaligen Epoche als zeitgemäß" bagatellisiert. Erinnerungskultur und Antisemitismusbekämpfung gehen im Deutschland des 21. Jahrhundert keineswegs Hand in Hand, sondern treffen auf Umdeutungen, Abwiegelungen oder Gleichgültigkeit. Ähnlich ergeht es denen, die versuchen, dem ausgeprägten anti-israelischen Narrativ mit seiner oft surrealen Täter-Opfer-Festlegung in den Medien etwas entgegen zu setzen: Die Reaktion von Arte und WDR auf den Film *Auserwählt und ausgegrenzt. Der Hass auf Juden in Europa* (2017), der versuchte, dem Stand-Bild der gängigen Massenmedien die buntere und auch bitterere Realität entgegenzusetzen, haben dies deutlich gezeigt. Die so noch nicht dagewesene Delegitimierung eines Filmes und seiner Macher, der das verkrustete Bild der Post-Holocaust-Illusion in Bezug auf den aktuellen Antisemitismus aufbrechen wollte, legt offen, wie problematisch es für viele Menschen in Deutschland und Europa ist, sich der unbequemen Realität zu stellen. Die Produzenten des Films sahen sich am Ende vom öffentlich-rechtlichen Fernsehen durch einen von diesen eigens inszenierten „Faktencheck", ein eilig zusammengeschustertes Mosaik von peinlichen Gegenthesen, oft mit dem Status „alternative Fakten" (da dermaßen fehlerhaft) in die Ecke gedrängt. Und die sonst bei Begrenzungsprozessen ihrer Freiheit so rührige Presse hielt sich auffallend zurück. Bislang gibt es keine flächendeckende Aufarbeitung zu diesem Medienskandal, bei dem es immerhin um den Vorwurf der Zensur im öffentlich-rechtlichen Fernsehen ging. Der Fall macht deutlich: Die untrennbare Verbindung der Zunahme des aktuellen Antisemitismus und der Dämonisierung Israels will nicht zur Kenntnis genommen werden.

Das Bild von Juden als den Bösen in der Welt

Juden nehmen seit Jahrhunderten die Rolle des ‚Bösen in der Welt' ein. Einige repräsentative Äußerungen[5] aus meinem E-Mail- und Internet-Korpus zeigen, wie sich die Verteufelung von Juden[6] in der modernen Hasssprache spiegelt und modern angepasst auf Israel bezieht: „Weltenübel", „Menschenfeinde", „das Schlimmste, was Gott der Menschheit angetan hat", „übelster Unrat", „abgrundtief böses Pack", „Abschaum der Erde", „Teufel in Menschengestalt", „stören den Weltfrieden", „wollen Welt beherrschen", „sind überall", „müssen ausgemerzt werden", „Ohne Juden ist die Welt ein besserer Ort!", „Israel ist das Böse in der Welt", „Israelis sind Teufel", „Sündenfall der Staatsgründung", „Unrechtsstaat, der weg gebombt werden muss".[7]

Auch auf der Straße sind bei anti-israelischen Demonstrationen Plakate zu sehen mit der Diskreditierung „Israel, der wahre Menschenfeind". Dies ist keineswegs eine zufällig gewählte Phrase der Abwertung, sondern Kulturgut. Die Klassifikation geht zurück auf einen Brief von Paulus an die Thessaloniker, in dem er die nicht dem jungen Christentum beigetretenen Juden als „Feinde der Menschheit" bezeichnet.[8] Diese Bezeichnung, auch wenn sie bei Paulus im spezifischen religiösen Kontext zu interpretieren ist, zieht sich durch die Jahrhunderte: Juden als Nicht-Menschen, als Feinde der Christen – und später säkular auch der Menschheit. Selbst höchst aufgeklärte Geister wie Voltaire waren von diesem Judenbild infiziert: „Kraft ihrer eigenen Gesetze, natürliche Feinde dieser Nationen und schließlich der Menschheit."[9] So wundert es nicht, dass Juden und modern adaptiert Israelis als Menschenfeinde diskreditiert werden. Wie ein roter Faden zieht sich das Bild der abgrundtief anderen, schlechten Juden durch die Geschichte[10] – und erlebt im Web 2.0 ein zeitgemäßes Reload keineswegs nur bei Neonazis und Extremisten, sondern im gesamten Kommunikationsraum des Netzes.[11] So lautet es im Klappentext zum verschwörungsphantastischen[12] und judeophoben Buch „Die Rothschilds", angeboten bei Amazon und anderen digitalen Buchanbietern: „Die Feinde der Menschheit" und eine Miss School fragt im viel benutzten Informationsportal „Warum sind Juden immer so böse?".

Judenhass als kollektiver Gefühlwert und kulturelle Kategorie

Denn Judenhass ist nicht, wie allzu oft behauptet, irgendeine gruppenbezogene Feindschaft, nicht ein Vorurteil, ist nicht bloß eine an Autoritäten ausgerichtete Furcht vor der Moderne, ist keine auf Neid beruhende Aggressivität, keine psychopathologische Störung von problematischen und sozial ungefestigten Individuen, kein Phänomen von bildungsschwachen Menschen. Judenhass ist ein kulturhistorisches Phänomen und als solches die dunkelste Seite des Abendlandes. Seit Jahrhunderten wird die nach der Abspaltung des Christentums von seiner Mutterreligion etablierte Differenzkonstruktion von den „wahren Gläubigen und guten Menschen" versus „den Glaubensverweigerern und bösen Frevlern" tradiert. Das Konzept des Juden als „Gottesmörder" mit „ewiger Schuld" führt zur Verdammnis des Judentums, ungeachtet der Tatsache, dass Jesus Jude war und das Christentum aus dem Judentum heraus entstand. Je mehr sich das frühe Christentum von seiner Mutterreligion abgrenzen wollte, desto tiefer wurde der Graben zum Judentum, das schließlich als existenzieller Frevel konzeptualisiert wurde[13]. Eine zunächst religiöse Abgrenzung und Entwertung prägte bald alle wesentlichen Lebensdimensionen, bestimmte Politik, Sozialleben, Handwerk, Kunst, Literatur, Philosophie. Ein Blick auf die Werke der vergangenen Jahrhunderte zeigt Juden und Judentum als Sünde in der Welt des Abendlandes. Juden sind die ultimativ anderen, die nicht zur Gemeinschaft gehörenden, sind die Schlechten, verkörpern das dunkle Element in der Welt. Dies formulierten auch Theodor Adorno und Max Horkheimer schon 1944 in ihrem Buch „Dialektik der Aufklärung", dass die Juden „als das absolut Böse gebrandmarkt" werden.[14]

Entsprechend dieser Ex-Negativo-Einordnung wurden sie vertrieben, in Ghettos ausgegrenzt, verfolgt, stigmatisiert, umgebracht. Das Konzept JUDE ist bis heute im kulturellen Gedächtnis bestimmt von diesen Werten. Das Gerücht über die Juden (ebenfalls treffend von Adorno formuliert) kursiert im 21. Jahrhundert wie gehabt und erlebt in der schnellen, multiplen und globalen Informationsverarbeitung des Internets eine Ausbreitung, wie es sie nie zuvor in der Geschichte gegeben hat.

Judenhass beruht als kulturelle Kategorie, als Denk- und Gefühlswert auf zwei essentiellen Merkmalen: Den im kollektiven Bewusstsein gespeicherten Stereotypen, also den mentalen Bildern von Juden, und den im kommunikativen Gedächtnis repräsentierten Sprachgebrauchsmuster, was die augenfällige Uniformität antisemitischer Texte erklärt, unabhängig von der ideologischen Ausrichtung oder der Bildung der Verfasser. Auch hochgebildete Personen sind nicht gefeit gegen das Ressentiment und die lange Geschichte des Judenhasses zeigt, dass es gerade die gebildeten Menschen waren, die die „Judenbilder" artikulierten und auf die Straße trugen.[15] Die deutschen Universitäten waren in der NS-Zeit unter den ersten Institutionen, die jüdische Studierende und Dozierende ausgrenzten. Und in den USA nimmt ausgerechnet der sogenannte Campus-Antisemitismus bedrohliche Ausmaße an: Jüdische Studierende mit pro-israelischer Haltung werden drangsaliert, Hakenkreuze verflochten mit dem Davidstern und Drohungen aufgemalt, die antisemitische BDS-Kampagne gegen Israel unterstützt und propagiert. Amerikanische Studierende verteidigen klassische antisemitische Aussagen – wie „Jews control the media, economy [and] government" – als „is not anti-Semitism" (so in Harvard 2016 bei einer Diskussion). Keinesfalls ist Judenfeindschaft also ein Problem von bildungsschwachen Menschen. Doch die Debatten um den Journalisten Jakob Augstein und um das israelfeindliche Gedicht von Günter Grass haben gezeigt, dass viele in unserer Gesellschaft noch immer am engen, falschen Bild des ‚dummen Springerstiefel-Antisemiten' hängen und die Realität nicht sehen (wollen).

Rechts, links, Mitte, Muslimisch, Gebildet: Israel als Projektionsfläche oder Wo alle Antisemiten sich treffen

Die Texte aller Antisemiten lesen sich wie Abschriften voneinander, da sie fast gleich sind: Hat man einen typisch judenfeindlichen Text gelesen, kennt man den Prototyp und sieht, dass sich antisemitische Äußerungen bis auf kleine Unterschiede stilistischer und rhetorischer Art ähnlich sind. Sie weisen nämlich eine enorme Äquivalenz hinsichtlich ihrer argumentativen Muster und dem Ausdruck spezifischer Stereotype auf – und dies nahezu unverändert seit Jahrhunderten[16]. Nur suchen sie sich immer den Aspekt in der jüdischen Existenz heraus, der je nach Weltlage gerade besonders im Mittelpunkt steht. Dies ist seit der Staatsgründung Israel so und entsprechend zeichnet sich der moderne Judenhass dadurch aus, dass Israel als Projektionsfläche für Antisemiten jedweder Couleur ist. Schrieben die Judenfeinde der Vergangenheit von der „jüdischen Pest", den „Räuberhöhlen Synagogen", vom „Kindermord und den Ränkeplänen der Rabbiner", kodieren aktuelle Antisemitismen, dass „Israel dem alten jüdischen Gesetz der Rache folgt und auch vor Kindermord nicht zurück schreckt". Das Bild vom „Juden als Übel der Menschheit" wird projiziert auf den jüdischen Staat, da dieser das bedeutendste Symbol jüdischer Existenz in der Welt ist. Entsprechend „bedroht der Unrechts- und Schurkenstaat den Weltfrieden.", „sollte von der Landkarte verschwinden" oder „aufgelöst werden". Die Web-Kommunikation 2.0 zeichnet sich besonders intensiv und radikal durch eine Symbiose von Juden- und Israelhass aus. Klassische Stereotype und judeophobe Verschwörungsphantasien werden eins zu eins auf Israel übertragen. Dadurch zeichnet sich der aktuelle Antisemitismus durch eine ausgeprägte „Israelisierungssemantik" aus. Gleich, welches Thema angesprochen wird, das mit Juden/Judentum zu tun hat, der Bezug auf die "Verbrechen Israels" wird hinzugefügt, auch wenn Israel in der Kommunikation gar nicht erwähnt wird. So richten sich auch die eliminatorischen Phantasien auf Israel: „Bombt das Zionistenpack", „Befreit Palästina", wobei sofort die Parallelen zwischen alter und neuer Hassrhetorik zu sehen sind: „wie der Krebs einwurzelt [...] also auch ist es mit den Jüden bewandt" (Rechtanus 1606, S. 91) – „Die Zionisten haben sich in Palästina wie Krebs eingewurzelt" (Facebook, 2014).

Antisemitische Texte, seien sie von Rechten, Linken, Muslimen oder Atheisten weisen alle die gleichen semantischen Merkmale auf: De-Realisierung (d. h. fiktive Zuschreibung von Eigenschaften), die sich konkret als Dehumanisierung (Juden als *Schweine*, *Bestien* u. ä.), Dämonisierung (als *Teufel* u. ä.) und Delegitimierung (Infragestellung der Judentums bzw. des Staates Israel) ausdrückt.

Judenhass wird vor allem genährt durch die beständige Reproduktion von sprachlichen Strukturen, die das Zerrbild von Juden und Judentum in den Köpfen erhalten und über die Kommunikation weitertragen. Daher ist der Einfluss verbaler Gewalt nicht hoch genug zu erachten. Doch gerade diese opportune Form des Judenhasses, der israelbezogene Antisemitismus, wird massiv geleugnet und als „Kritik" umgedeutet. Diesem Antisemitismus wird (international) der geringste Widerstand entgegengebracht, obgleich er der frequenteste ist. Dadurch verfestigt sich eine Hassrhetorik, die Israel als jüdischen Staat verteufelt und an den Pranger stellt.

Macht und Gewalt der Sprache: Judenfeindliche Realitätskonstruktion

Sprache bildet Wirklichkeit nie nur ab, sondern konstruiert auch eigene Realitäten. Diese zeigt sich beim Antisemitismus besonders deutlich. Wenn Juden als Schweine, Teufel, Verbrecher, Intriganten bezeichnet werden, wenn ihnen unterstellt wird, sie wollten die Welt kontrollieren, wenn Israel als NS- oder Apartheidstaat perspektiviert wird, dann entstehen über diese verbalen Strukturen geistige Welten allein über die Kraft der Bedeutungen. Sprache und Judenhass bilden daher eine untrennbare Symbiose. Antisemitismen sind immer Phantasiekonstrukte und Projektionen, die nichts mit der Realität zu tun haben, aber fest im kollektiven Bewusstsein verankert sind. Die Blutkultlegende z. B., der zufolge Juden das Blut nicht-jüdischer Kinder für rituelle Zwecke benutzen, hat keine empirische Basis (und dies trifft auf alle judeophoben Stereotype zu). Es hat in der langen Geschichte des Judentums nicht einen einzigen Fall eines solchen Kultes gegeben. Dennoch wird diese Phantasie seit dem 12. Jahrhundert bis heute (v. a. im islamistischen Antisemitismus) kommuniziert und findet aktuell in den „Kindermörder-Israel"-Slogans auf anti-israelischen Demonstrationen seinen zeitgemäßen Ausdruck. Es gibt ein Repertoire von Stereotypen (jüdische Geldgier, Rachsucht, Weltübernahmepläne, Nutznießer- und Parasitentum), die seit Jahrhunderten reproduziert werden. Siehe hierzu die E-Mail eines Krefelder Bürgers, der 2008 an die Botschaft Israels in Berlin schreibt: „so langsam verstehe [ich], warum so viele ganz normale Menschen die Juden als geldgierige, feige, immer im Hintergrund abwartende, schmierige und hinterlistige Typen ansehen". Juden werden so als Kollektiv charakterisiert, und es werden ihnen unabänderliche Eigenschaften zugesprochen. Aufgrund dieser den Juden angedichteten negativen Eigenschaften ist es die jüdische Existenz an sich, die als Provokation, als Übel in der Welt empfunden wird. Die emotionale Dimension der Judenfeindschaft wird vom Gefühl des Hasses determiniert. Dies spiegelt sich in den Äußerungen wider: „Juden sind das Schlimmste, was Gott der Menschheit angetan hat, und Israel ist der übelste Schurkenstaat!" (E-Mail an die israelische Botschaft 2016), „Ich hasse Juden!" (Twitter 2016). Der verbale Antisemitismus, d. h. Äußerungen, in denen Juden stigmatisiert, diskriminiert, bedroht, beschimpft und belehrt werden, hat in einem dramatischen Ausmaß zugenommen, wie Korpusanalysen zu verschiedenen Diskursbereichen (E-Mails und Briefe an jüdische Institutionen, Leserbriefe/Kommentarbereiche von online-Zeitschriften, Internet-Foren usw.) belegen.

Die Ver- und Ausbreitung drastischer Verbal-Antisemitismen und Gewaltphantasien über das Web 2.0 verläuft mittlerweile in den Sozialen Netzwerken völlig unkontrolliert. Die Hemmschwelle, judenfeindliche Äußerungen zu artikulieren, sinkt generell. Quantitative Korpusanalysen zeigen, wie sich im Laufe von 10 Jahren die Anzahl antisemitischer Texte in bestimmten Kommunikationsräumen (z.b. Leserkommentare) vervierfacht hat.[17] Qualitative Textanalysen machen transparent, welche judenfeindlichen Inhalte im 21. Jahrhundert über sprachliche Mittel und Strukturen ausgedrückt werden.[18] Dabei fällt stets auf, dass das Konzept des ‚Ewigen Juden' ungebrochen durch die Köpfe der User geistert. Juden werden als ein homogenes Volk mit unveränderlichen Eigenschaften skizziert: Getrieben von Ränke, Machtstreben, Rache und Grausamkeit würden sie die Welt beherrschen wollen. Bei keinem Vorurteilssystem findet sich diese Kopplung von Hass und globaler Verschwörungsphantasie. Obgleich ohne reale Basis, ohne Belege oder Fakten konstruiert, trägt die Sprache der Judenfeindschaft seit Jahrhunderten dieses Bild von Generation zu Generation. Über Sprachgebrauchsmuster werden judenfeindliche Stereotype ständig reproduziert und bleiben damit im kollektiven Bewusstsein. Hasssprache gegen Juden sollte nicht marginalisiert oder unterschätzt werden: Der Attentäter von Pittsburgh, der 2018 in einer Synagoge elf Menschen erschoss, hatte sich vorher radikal und hasserfüllt auf der Plattform *Gab* gegenüber Juden und Judentum geäußert. Verbale Gewalt ist bislang in der langen Geschichte der Judenfeindschaft nie nur Selbstzweck, sondern stets Voraussetzung und Vorbereitung für non-verbale Gewalt gewesen.

Vernichtungswille und Erlösungsphantasien: „zum Guten der Menschheit"

„…Ich bestreite ein Existenzrecht Israels und ein Lebensrecht der jüdischen Pestilenz" (Schreiben an die Israelische Botschaft in Berlin 2009).

Der Holocaust fand statt, weil ein jahrhundertalter Hass die Triebfeder war, ein kollektiver Hass, der von Generation zu Generation als „Wahrheit" tradiert wurde, der im völkischen Rasse-Antisemitismus der Nationalso-

zialisten dann als „logische Konsequenz" des Wahn-Sinns zur Ermordungs-
maschinerie führte.

„However deep we go into them, we find nothing but archaic vestiges,
confused resentments, and illusory pretexts. Which accounts for the fact that
their ultimate expression, Hitlerism, was the only attempt in history to
condemn man for what he *is*, not for what he *does*; for his abstract entity,
not for his concrete acts."[19] Es war, wie Leon Poliakov in seinem großartigen
Werk über die „Endlösungspolitik" der Nationalsozialisten schreibt: „die
Ernte des Hasses". Jahrhunderte der Feindseligkeit, der Ausgrenzung, des
Argwohns, der Verdammnis hatten tiefe Spuren hinterlassen, Spuren eines
irrationalen Hasses auf Juden, der am Ende zu den Gaskammern führte.
So schreibt schon das NSDAP-Gründungsmitglied Gottfried Feder 1927:
„Antisemitismus ist [...] der gefühlsässige Unterbau unserer Bewegung".[20]

Daher greifen Ansätze wie die von Götz Aly bei der Erklärung der „Ju-
denpolitik" und der Frage „Warum die Juden?" nicht nur zu kurz, sie ver-
schleiern und verzerren auch die wahren Beweggründe für die Auslöschung
des jüdisches Volkes in der NS-Zeit[21]: Nicht sozio-ökonomische Gründe –
wie Sozialneid oder Eifersucht in den Großstädten, wo ein gut situiertes
jüdisches Bürgertum lebte – waren die Triebfeder, sondern der Judenhass,
der kulturell über Jahrhunderte genährte und tradierte Hass, ein in der Welt-
geschichte einzigartiger Hass. Juden wurden enteignet, gedemütigt, vertrieben und umgebracht unabhängig von ihrem Besitz, ihrer Stellung oder
Relevanz in der Gesellschaft. Wie unplausibel und nicht nachvollziehbar
die These ist, Jüdinnen und Juden wären aus Neid und sozial-strukturellen
Konstellationen heraus vertrieben, enteignet und umgebracht worden, zeigt
auch der Blick auf das Landjudentum, das oft bitterarm war, und schließlich
die Tatsache, dass man auch ohne Bedenken Tausende von Säuglingen und
Kleinkindern ermordete, denen man nichts missgönnen oder rauben konnte
– nur ihr Leben. Über Jahrhunderte hinweg wurden Juden als Juden aus-

Im digitalen Zeitalter werden eliminatorische Antisemitismen als
Tweets („Alle Juden vergasen..."; Israel ist wie die Pest!"; „Tod den
Zionisten") und Kurztexte auf Facebook an ein Millionenpublikum
gepostet, wobei das Verbrennen von Juden besonders häufig als
Vernichtungswille artikuliert wird.

Judenhass, das Chamäleon: Kontinuität und Adaption des judenfeindlichen Ressentiments

gegrenzt, verteufelt, vertrieben, umgebracht. Die jüdische Existenz war spätestens im Spätmittelalter ein Ausnahmezustand, Judentum wurde als Frevel in der christlichen Gemeinschaft gesehen. Das tief verankerte Ressentiment des Antijudaismus kam in Symbiose mit dem Rasse-Antisemitismus zu einer tödlichen Erlösungsphantasie, einem Wahn, der ohne jede Ausnahme das gesamte jüdische Volk „zum Guten der Menschheit" auslöschen wollte: „[...] dass die Judenfrage schon seit langem zur Frage der gesamten Menschheit geworden ist [...] ohne Lösung der Judenfrage keine Erlösung der Welt!" (Julius Streicher, 1941).

Dieser Wahn, gekoppelt an eine allumfassende Verschwörungsphantasie, wird heute noch immer artikuliert, wobei linke Antisemiten dies aber als „Friedensaktivisten" und „Humanisten" im Namen von Gerechtigkeit und Verantwortung tun und den Erlösungs- und Vernichtungswillen auf Israel projizieren.[22]

Die Hauptgefahr für die Gesellschaft liegt dabei keineswegs im Vulgärantisemitismus von Rechts- und Linksextremisten, denn dieser ist nach wie vor verpönt, wird beobachtet und sanktioniert. Vielmehr ist es der Alltagsantisemitismus der Mitte, der unter der Camouflage „politische Kritik" als extremer Anti-Israelismus in Erscheinung tritt. Diese „Israelisierung der antisemitischen Semantik" folgt dem uralten, typischen Adaptionsmuster von Judenhass: Sich durch neue Formvarianten der jeweiligen sozial-politischen Umgebung anzupassen. Je nach ideologischer, ökonomischer und/oder gesellschaftlicher Lage wurden Juden im Laufe der Jahrhunderte als Christus-Mörder, Brunnenvergifter, Pestüberträger, Ernteverderber, Welt-Verschwörer, als Kapitalisten oder Bolschewiken, als reiche Bankiers oder arme Schmarotzer charakterisiert, ihnen jeweils zu viel oder zu wenig Anpassung usw. vorgeworfen. Nach der Gründung des Staates Israel richtete sich entsprechend der Hass gebündelt auf dieses Land. Wurden die Juden im Wandel der Zeiten verantwortlich für alle Übel der Welt erklärt, erfährt dieses Deutungsmuster nun seine zeitgemäße Ausrichtung. 70 Jahre nach den Gräueln des Holocaust wird so nahezu unverändert das Basis-Konzept des ‚ewigen, bösen Juden' tradiert, das gleiche Negativ-Gefühl aktiviert, nur das „äußere Gewand" sieht anders aus. Hier findet die uralte Konzeptualisierung des kollektiven Juden ihren modernen Ausdruck, hier zeigt sich der Antisemitismus als Chamäleon: Die Oberfläche passt sich den aktuellen Gegebenheiten an, die semantische Entwertung von Juden bleibt. Und ernüchternd ist von der Forschung angesichts der hassgetriebenen Sprachstrukturen zu konstatieren, dass der Zivilisationsbruch um Auschwitz nicht alle Teile der Gesellschaft geläutert, die intensive Aufklärungsarbeit nicht flächendeckend sensibilisiert hat für die Gefahren einer hassgetriebenen Rhetorik.

Das Internet: Der tagtägliche Hass auf Juden

Mit den Informationsprozessen des Web 2.0, das allen Nutzern aktive Partizipationsmöglichkeiten gibt, hat sich die Verbreitung und Radikalisierung von Judenhass auf eine Weise intensiviert, die vorher nicht möglich war. Antisemitische Äußerungen, Bilder und Videos überschwemmen das Netz, jeden Tag kommen neue Antisemitismen hinzu. Der Ton ist – auch durch die Anonymität – an Radikalität nicht mehr zu überbieten: „Gaskammern auf!", „verfluchtes Drecksjudenpack", „Schweine-Israelis, verreckt" (Tweets aus dem Jahr 2017). Äußerungen, die uralte klassische Stereotype und Verschwörungsphantasien ausdrücken, sind mittlerweile in nahezu

allen Bereichen des Internets anzutreffen, in Informations- und Recherche-
portalen, in Kommentarbereichen der online-Medien, im Unterhaltungs-
sektor (siehe z.b. Hip Hop/Rap). Junge Menschen ohne Vorkenntnisse
werden so tagtäglich mit einer alltäglichen Judenfeindschaft konfrontiert,
die für sie Teil der Netzkultur wird. Das Netzwerkdurchsetzungsgesetz hat
hier nichts verändert.

Die ernüchternde Faktenlage ist: Diese Gesellschaft ist nicht auf dem
Weg, sich an Antisemitismus zu gewöhnen, sie hat sich schon daran gewöhnt.

Post-Holocaust: Camouflage und Leugnung

Hat der Holocaust also nichts bewirkt? Natürlich hat sich in Teilen der Gesellschaft durch Aufarbeitung und Aufklärungsarbeit ein Bewusstsein entwickelt für die Irrationalität und Grundlosigkeit von Judenhass, haben
bislang alle Regierungen Antisemitismus scharf verurteilt, gibt es zahlreiche Bestrebungen von geschichtsbewussten und verantwortungsvollen
Menschen, die sich für eine sensible Erinnerungskultur und einen energischen Kampf gegen aktuellen Judenhass einsetzen. Doch die Sonntagsreden
und mahnenden Floskel-Worte der Politik reichen nicht aus.

Das Post-Holocaust-Bewusstsein und der Umgang der Mainstream-Ge-
sellschaft bzw. der politischen Institutionen spiegelt sich im antisemitischen
(und öffentlichen) Diskurs vor allem in zwei Aspekten wider: Zum einen
in der Verwendung von Camouflage-Technik in Form von indirekten Sprechakten, zum anderen in massiven Leugnungsstrategien.

Es ist heute normal, dass offener Judenhass versteckt und unter der
Tarnkappe von anderen Kommunikationsformen artikuliert wird. Seit 1945
ist ein expliziter Vulgär-Antisemitismus tabuisiert und wird sanktioniert.
Judenfeindliche Inhalte werden heute daher vor allem als sogenannte
„Umweg-Kommunikation" in Form von indirekten Sprechakten artikuliert.
Statt explizit auf Juden zu verweisen, werden Paraphrasen wie „jene ein-
flussreichen Kreise" oder Substitutionswörter wie „Israelis" oder „Zioni-
sten" benutzt. Anstelle von „Finanzjudentum" wird „internationales
Finanztum" gesetzt, oft zusammen mit Schlagworten, die mit dem Juden-

tum assoziiert werden, wie „Auge um Auge" oder „alttestamentarisch". „Rothschild" ist eine bekannte Chiffre für das Stereotyp des jüdischen Wuchers und Finanzwesens. Während sich also die Ausdrucksformen den aktuellen Gegebenheiten anpassen, bleiben die judenfeindlichen Konzepte konstant und werden lediglich unter verbaler Camouflage entweder als „Kapitalismus- oder „Israel-Kritik" kodiert. So ruft die BDS-Kampagne weltweit – nach bekannter Manier – zum Boykott gegen den Staat Israel, seine Waren, seine Künstler und Professoren auf, verwahrt sich aber empört und im Duktus der moralischen Betroffenheit gegen den Vorwurf, antisemitische Strategien zu benutzen.

Eine weitere Konsequenz der Post-Holocaust-Bewertung von Judenhass, die mit der Camouflagetechnik zusammenhängt, ist Leugnung und Abwehr des Vorwurfs, antisemitische Äußerungen zu produzieren. Hier berufen sich (gerade gebildete) Antisemiten darauf, es gebe Grauzonen und man dürfe die Meinungsfreiheit nicht einschränken, wenn es um Israel ginge. Es gibt aber gar keine Grauzonen! Die sprach-orientierte Antisemitismusforschung gibt klare Klassifikationskriterien an die Hand, um antisemitische Äußerungen zu identifizieren und auch, um die viel diskutierte Frage nach der Abgrenzung von politischer Kritik an Israel und Judenhass zu beantworten: Antisemitischer Anti-Israelismus gibt sich verbal durch exakt die gleichen Mittel und Strategien zu erkennen, die seit Jahrhunderten die judenfeindliche Kommunikation ausmachen.[23]

Fazit: Zur Relevanz von Forschung und Wissenschaft – die endlich zu Kenntnis genommen werden sollte

„Nichts gehört der Vergangenheit an.
Alles ist Gegenwart und kann wieder Zukunft werden" (Fritz Bauer).

Insbesondere über Sprachgebrauchsmuster werden judenfeindliche Stereotype ständig reproduziert und bleiben damit im kollektiven Bewusstsein. Oberflächliche Formen und kommunikative Prozesse verändern sich im digitalen Zeitalter, doch der alte kollektive Hass gegenüber Juden bleibt un-

gebrochen die Grundlage. Auch die Erfahrung des Holocaust hat die judenfeindlichen Denk- und Gefühlsstrukturen nicht völlig zum Verschwinden gebracht. Den aktuellen Antisemitismus und seine derzeit dominanten
und viralen Manifestationen des Anti-Zionismus und Anti-Israelismus kann
man nicht ohne seine kulturhistorische Dimension verstehen.

Um Antisemitismus bekämpfen und ihn präventiv verhindern zu können, muss man verstehen, was Antisemitismus wirklich ist. Allzu viele
Falschdefinitionen und irreführende bzw. uneffektive Ansätze kursieren
aber, die kontraproduktiv sind und einer wirklichen Aufklärung nur im
Wege stehen. So zeigt sich nach 20 Jahren vergeblichen Bemühungen, dass
der Ansatz der allgemeinen Vorurteilsforschung gescheitert ist: Angesichts
steigender Delikte und Fluten verbaler Antisemitismen, die eine zunehmende semantische Radikalisierung zeigen, stehen dieses Erklärungspara-
digma und diese pädagogische Praxis quasi vor einem Scherbenhaufen, die
offizielle Politik gegen Judenfeindschaft vor einer Bankrotterklärung. Jahrzehnte der mahnenden Erinnerungskultur, der Auf- und Erklärung sowie
Maßnahmen gegen Judenhass haben keine tiefgreifenden Veränderungen
am Bodensatz des Antisemitismus bewirkt, vor allem, wenn man bedenkt,
dass gerade der klassische Judenhass mit seinen uralten Stereotypen nach
wie vor die mächtige Basis des aktuellen Hasses stellt. Da wirken alle
schnell in den letzten Monaten ins Leben gerufenen Maßnahmen wie die
Berufung von Antisemitismusbeauftragten hilflos, ihre täglichen Appelle
bleiben weitgehend ohne Wirkung. Wer effektiv und nachhaltig etwas
gegen Antisemitismus tun möchte, muss zunächst die richtige Diagnose
haben, muss verstehen, warum sich Antisemitismus so hartnäckig in den
Köpfen hält und was Antisemiten motiviert, ihren Hass (wieder zunehmend
selbstbewusst) zu zeigen. Dies geht nicht ohne Expertenwissen.

Im Klartext: Was nun zu tun ist

Die brisante Lage verlangt von der Wissenschaft ungeschminkte Ratschläge und Hinweise jenseits sozialer Erwünschtheit und politischer Korrektheit: Den politisch Verantwortlichen möchte man daher als Hausaufgabe geben, sich einmal ernsthaft mit Grundlagenforschung und empirischen Studien der Wissenschaft zum Judenhass auseinanderzusetzen, statt von einem belanglosen Interview zum nächsten zu gehen. Dann sollten auch nicht mehr dermaßen realitätsfremde und peinliche Äußerungen fallen, „man wisse nicht genug über die Artikulationsformen des aktuellen Antisemitismus, um Gegenstrategien zu entwickeln". Die Forschung hat diese längst untersucht, beschrieben und erklärt.

Judenfeindschaft existiert seit 2000 Jahren als affektives Ressentiment und kognitives Weltdeutungssystem, ist fester Bestandteil der abendländischen Kultur. Nur eine entsprechende Aufarbeitung kann helfen, Judenhass effektiv zu begegnen.

Die Forschung hat ihren Teil dazu beigetragen. Wir wissen, wo, von wem, warum und wie Antisemitismen kommuniziert werden. Daher sollten die Ergebnisse aus Forschung und Wissenschaft nicht am Rande einer lediglich von Experten geführten Debatte diskutiert werden, sondern als sine qua non-Fakten im Mittelpunkt der politischen und gesamtgesellschaftlichen Debatten und Präventionsansätze stehen. Im Klartext: Die politisch Verantwortlichen sollten weniger Plattitüden wie „null Toleranz" und Phrasen des „vehementen Einsatzes" dreschen, nicht jede Woche Schlagzeilen machen mit Schlagworten der neuesten Expertenstudien, nicht Taten der effektiven Bekämpfung in die Zukunft verschieben, weil angeblich noch Forschung fehle, sondern endlich anfangen, ernsthaft mit Antisemitismusforschern zu kooperieren und in medias res gehen.

Sonst erübrigen sich alle Bemühungen und in 10 Jahren werden wir uns bei der Antisemitismusbekämpfung dort treffen, wo wir heute stehen, und wie zu Beginn dieses Artikels mahnende, warnende Aussagen der Antisemitismusforschung anführen.

WOLFRAM KASTNER, MÜNCHEN

SEHSTÖRUNG, VERDRÄNGUNG UND DIE UNFÄHIGKEIT ZU ANGEMESSENER LÖSUNG

„Judensau"-Schmähskulptur im Chorgestühl des Kölner Doms.

Die sogenannten „Judensau"-Schmähskulpturen an deutschen Kirchen sind einzigartige Hohnbilder. Zuständige kirchliche und staatliche Institutionen finden keinen adäquaten Umgang damit. Einige Beispiele stellt dieser Beitrag vor. Historiker und Kunsthistoriker haben die Entstehungs-, Verbreitungs- und Rezeptionsgeschichte dieser Hohnbilder und Schmähskulpturen im Kontext von Macht- und Sozialentwicklungen bis heute nicht umfassend erforscht. Was wäre ein angemessener Umgang mit diesen Hassbildern heute – nach der Ermordung der europäischen Juden? Diese Hassbilder im öffentlichen Raum sollten in den Innenraum der Kirchen verlagert werden, damit heute lebende Juden mit ihrer beleidigenden Wirkung nicht mehr konfrontiert werden. Überdies bedarf es einer umfassenden öffentlichen, politischen und wissenschaftlichen Auseinandersetzung mit ihrer bis heute die Juden verunglimpfende Absicht.

An mehr als 25 deutschen Kirchen existieren seit dem Mittelalter bis heute besonders widerwärtige antijüdische Hohnbilder. Dargestellt sind Menschen, die spitze Hüte tragen und so entsprechend der mittelalterlichen Kleiderordnung als Juden erkennbar sind. Diese Männer umarmen Schweine, füttern sie, saugen an den Zitzen, fangen die Exkremente auf wie Nahrungsmittel. Nicht nur körperliche, erotische, sondern auch eine fäkalische Gemeinschaft ist da inszeniert, um jüdische Menschen, denen das Schwein als unrein und ungenießbar galt, zu demütigen. Juden wurden (und werden) so auf die gleiche Stufe gestellt mit Tieren, die den Christen als „schweinisch" oder „säuisch" gelten, die zum eigenen Vorteil und Verzehr jedoch beliebig geschlachtet werden.

Häufig sind diese als „Judensau" bekannten Hohnbilder in Form von steinernen Reliefs oder Wasserspeiern außen an Kirchen angebracht und entfalten ihre beleidigende Wirkung im öffentlichen Stadtraum. Einige sind innerhalb von Kirchen und Klöstern zu finden. Sie dienen der Propagierung eines Bildes von Juden als würdelose, abscheuliche Wesen sowie der christlichen Selbstvergewisserung der Minderwertigkeit jüdischer Menschen. Damit waren Juden nicht nur symbolisch aus der menschlichen Gemeinschaft ausgegrenzt und als „Geschlecht" gewissermaßen schon rassisch weit unter die gottwohlgefälligen Christen herabgesetzt. Sie wurden und werden zugleich in ihrer Religiosität und Kultur als schmutzig und unglaubwürdig verächtlich gemacht.

Das Wort „Judensau" entspringt nicht dem Antisemitismus des 19. und 20. Jahrhunderts oder den Hasstiraden der Nationalsozialisten, sondern dem christlichen deutschen Sprachgebrauch. Um das Schimpfwort nicht nebenbei abermals zu multiplizieren, nenne ich diese Schimpf-, Hohn- und Schandbildnisse christliche Sauerei.

Diese obszönen, beleidigenden Hassbilder sind außerhalb des deutschsprachigen Kultur- und Sprachraumes unbekannt. Eine Stadt wie Gnesen (Polen) gehörte zu Preußen, Städte wie Metz oder Strasbourg zum Deutschen Reich, als dort die Dome mit den Hetzskulpturen erbaut wurden. Sie hatten deutsches Stadtrecht. Die einzig bekannte christliche Sauerei in Schweden (Uppsala) wurde vermutlich über die sich dort ansiedelnden deutschen Handwerker und Kaufleute vermittelt.

Bis heute ist die Verbreitung des Hohnbildes vom ersten bekannten in Brandenburg – entstanden um 1230 u. Z. – über Xanten, Eberswalde, Zerbst, Magdeburg, Calbe, Köln, Bad Wimpfen, Würzburg, Nürnberg, Cadolzburg, Regensburg, Salzburg und Wiener Neustadt nicht systematisch erforscht. Es gibt eine einzige wissenschaftliche Arbeit von Isaiah Shachar in Englisch, erschienen 1974 in der Schriftenreihe des Aby-Warburg-Institute der University of London, die auf dem Zettelkasten von Aby Warburg beruhte, der vor den Nazis nach London gerettet werden konnte.[1]

Inzwischen sind uns durch eigene Forschungen und Hinweise weitere Sau-Schmähskulpturen bekannt, von denen weder Aby Warburg noch sein Schüler Shachar Kenntnis hatten. Darüber hinaus gibt es eine lange Rezeptionsgeschichte und vielfache Auseinandersetzungen um den Umgang mit diesen christlichen Sauereien bis heute. Warum dennoch trotz vieler Anregungen von unserer Seite kein einziges kunsthistorisches Institut einer deutschen Universität – auch nicht das Aby-Warburg-Institut der Univer-

WARBURG INSTITUTE SURVEYS

V

THE *JUDENSAU*

A MEDIEVAL ANTI-JEWISH MOTIF AND ITS HISTORY

BY

ISAIAH SHACHAR

THE WARBURG INSTITUTE
UNIVERSITY OF LONDON

Die einzige wissenschaftliche Studie zu den „Judensau"-Darstellungen
von Isaiah Shachar aus dem Jahr 1974.

sität Hamburg – das Thema aufgreift und die Entstehungs-, Verbreitungs-
und Rezeptionsgeschichte im Kontext von sozialen, soziokulturellen und
Herrschaftsentwicklungen erforscht, ist zumindest rätselhaft.

Wir fragten in einigen Kirchengemeinden, bei zuständigen staatlichen
Stellen, in (Erz-)Diözesen und im Vatikan an, wie die dort Tätigen und Zuständigen mit diesen Hetzbildern umzugehen gedenken, regten deren Wahrnehmung und eine offene Diskussion über sie an, boten Formulierungs-
und Gestaltungsvorschläge an, führten öffentliche Kunstaktionen durch,
entwickelten eine informative website[2] und erfuhren vor allem unerwartete
Ablehnung, Ausflüchte, Anfeindungen, Beschimpfungen, aber auch priva-
tes Interesse und Unterstützung.

Die kirchlichen und staatlichen Vertreter waren und sind großenteils
bis heute alles andere als souverän, offen und diskussionsbereit im Hinblick
auf einen adäquaten und sensiblen Umgang mit diesen christlichen Sauereien in ihrem Zuständigkeitsbereich.

Einige bezeichnende (eklatante) Beispiele seien hier dargestellt.

Köln

Im Kölner Dom ist eine Sauerei im Chorgestühl und eine weitere als Wasserspeier am Südostchor. Auf der website des Kölner Doms waren lange
alle Wasserspeier abgebildet und beschrieben – außer der Sau, an deren
Zitzen ein Mann mit Judenhut saugt.[3]

Bei einer Kunstaktion 2002 stand ich mit Umhängetafeln vor dem
Haupteingang, verteilte Informationsblätter und fragte Besucher des Doms,
wie man ihrer Ansicht nach mit diesen judenfeindlichen Diffamierungen
umgehen sollte.[4]

Die Dombaumeisterin ließ den Dom zusperren und alarmierte die Po-
lizei.[5] Die große Mehrheit der Besucher und insbesondere junge Menschen
hielten eine distanzierende Erklärung am Ort für dringend erforderlich. Die
Dombaumeisterin fand die Aktion „geschmacklos", nicht aber das Wort
„Judensau" und nicht die Skulpturen, in denen sie nur ein „wertvolles
Kunstwerk" erblickte.

Wasserspeier am Südostchor des Kölner Doms.

Kunstaktion in Köln, Juni 2002.

„Judensau"-Schmähskulptur am äußeren Tor der Cadolzburg.

Kunstaktion vor der Cadolzburg, Juli 2003.

Am Kölner Dom ist zudem an einigen Schlusssteinen nicht nur die Jahreszahl 1939 eingraviert, sondern auch ein Hakenkreuz. Weder die Diözese noch das NS-Dokumentationszentrum haben das bislang aufgegriffen und sich davon distanziert.

Cadolzburg

Am äußeren Burgtor der Cadolzburg befindet sich das wohl größte Steinrelief mit judenfeindlichen Darstellungen. Neben einem Tanz um das goldene Kalb ist eine Sau zu sehen, an deren Zitzen, After und Schnauze Juden mit spitzen Hüten erkennbar sind. Neben diesem Relief lassen sich sehr viele Hochzeitspaare fotografieren. Wir forderten eine distanzierende, unmissverständliche Tafel direkt an dem Hohnbild. Nach einer Kunstaktion und einem Brief an das für Baudenkmäler zuständige Finanzministerium, das dort ein „Deutsches Burgenmuseum" plante, beschimpfte uns ein Landtagsabgeordneter der CSU als „hirnrissig" und „Arschlöcher" und behauptete, dass dort nie eine solche Tafel angebracht werde. Es dauerte nur etwas mehr als ein Jahr, bis dann doch eine Tafel vom Finanzministerium und der staatlichen Schlösserverwaltung angebracht wurde – allerdings mit einem sehr dürftigen und unbefriedigenden Text ohne eine deutliche Distanzierung.[6]

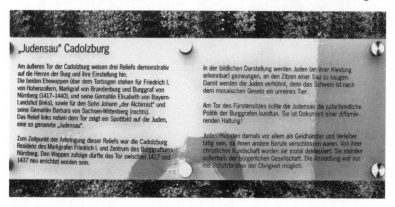

Dieser Text wird vom bayerischen Finanzministerium verantwortet und wurde nach mehreren Aufforderungen zu Veränderungen 2005 auf einer Plexiglastafel auf einer Steinbrüstung in der Nähe des „Judensau"-Reliefs angebracht.

Regensburg

Am Regensburger Dom ist eine Steinskulptur mit der Darstellung einer judenfeindlichen Sauerei an einem Pfeiler angebracht, die genau in jene Rich-
tung weist, in der der Wohnbezirk der Regensburger Juden lag. Das Relief
wurde im 14. Jahrhundert vor der Vertreibung und dem Raubmord an der
jüdischen Bevölkerung Regensburgs angebracht. Nach einigen vergeblichen Briefen von uns an die Domverwaltung, einer öffentlich weithin wahr-
genommenen Kunstaktion und einer von uns angebrachten und vom Domkapitel entfernten Texttafel, wurde vom Staatlichen Hochbauamt ein höchst
fragwürdiger und zumindest teilweise der Wirklichkeit widersprechender
Text erstellt und weit entfernt von der Skulptur montiert.[7]

„Judensau"-Schmähskulptur am Regensburger Dom.

Kunstaktion vor dem Regensburger Dom, Mai 2004.

Am Pfeiler rechts vom Südwesteingang, der zum mittelalterlichen Judenghetto wies, befindet sich die Spottfigur der sog. „Judensau". Dargestellt wird ein Schwein, an dessen Zitzen sich Juden zu schaffen machen. Die Skulptur als steinernes Zeugnis einer vergangenen Epoche muss im Zusammenhang mit ihrer Zeit gesehen werden. Sie ist in ihrem antijüdischen Aussagegehalt für den heutigen Betrachter befremdlich. Das Verhältnis vom Christentum und Judentum in unseren Tagen zeichnet sich durch Toleranz und gegenseitige Achtung aus.

Vom Staatlichen Hochbauamt angebrachte Informationstafel am Regensburger Dom.

Hier am Regensburger Dom wurde im 14. Jahrhundert eine Hohnskulptur, eine sog. "Judensau" angebracht. Dargestellt wird ein Schwein, an dessen Zitzen Juden saugen. Damit wurden Juden von Christen auf obszöne Weise herabgewürdigt und dem als unrein geltenden Tier gleichgesetzt.

Der im Christentum Jahrhunderte lang verbreitete und geschürte Hass gegen Juden führte zu Vertreibung, Raub, Pogromen und schließlich zum Mord an den europäischen Juden durch die Nazis.

Diese Schuld ist unauslöschlich.

Wir werden stets darauf achten, dass die Würde und die Rechte aller Menschen gewahrt werden. Wir werden uns allen Anfängen von Ausgrenzung, Entwürdigung oder Antisemitismus in diesem Land entgegenstellen.

Die Katholiken Regensburg und die Bayerische Staatsregierung, 2005

Unsere Texttafel, die vom Domkapitel entfernt wurde.

„Judensau"-Schmähskulptur am Südostchor der St. Sebald Kirche in Nürnberg

Nürnberg

In Nürnberg befindet sich eine judenfeindliche Sau aus dem 14. Jahrhundert am Südostchor der St. Sebald Kirche. Nach einem langen ergebnislosen Schriftwechsel mit den Pfarrern der Gemeinde, in dem wir Vorträge, Gespräche und Diskussionen zum Umgang mit dieser Herabwürdigung der Juden anregten, führten wir 2002 eine Aktion durch. Nach all den unbeantworteten Briefen erhielten wir daraufhin die schriftliche Androhung einer zivilrechtlichen Strafverfolgung und eine Reinigungsrechnung.[8]

Wir schlugen einen Text vor, der nicht aufgegriffen wurde. Stattdessen wurde ein Faltblatt herausgegeben zu antijüdischen Bildern in der Kirche, das die wahrheitswidrige Behauptung enthielt, Nürnberg habe bei der Judenverfolgung keine besondere Rolle gespielt.

Das war so wahrheitswidrig wie die Behauptung des zuständigen evangelischen Gemeindepfarrers, dass der Vorsitzende der jüdischen Gemeinde einverstanden damit sei, keine Tafel anzubringen. Der hatte sich im Gegenteil geweigert, die Kirche zu offiziellen Veranstaltungen und Konzerten zu

Kunstaktion in Nürnberg, Oktober 2002.

betreten, so lange es keine eindeutige Distanzierung der Kirche dort gebe.[9]

Bei einem Nürnberger Pogrom 1349 wurden die Nürnberger Juden beraubt, vertrieben und großenteils ermordet (mit Einwilligung des Kaisers). Am Standort der Synagoge wurde eine Marienkirche erbaut (Kaiserkrönungskirche) und an der Stelle der niedergerissenen Häuser des jüdischen Ghettos ein zentraler Marktpatz (heute Hauptmarkt, in der NS-Zeit „Adolf-Hitler-Platz) geschaffen.

Das geschichtsklitternde Infoblatt ist zumeist nur auf beharrliche Nachfrage in der Kirche zu deren Öffnungszeiten zu bekommen.[10] Bei der ständig zu sehenden Sau-Skulptur in der Öffentlichkeit gibt es weder eine Information, noch eine Distanzierung.

Bad Wimpfen

An der Ritterstiftkirche St. Peter in Bad Wimpfen in der Diözese Mainz wurde ein originaler riesiger Wasserspeier aus dem 13. Jahrhundert mit der Darstellung christlicher Judenverachtung 1994 durch eine neu in Sandstein gehauene Replik ersetzt und mit stählernen Stacheln gegen Tauben geschützt. Alle Scharten der Geschichte und der Witterung wurden ausgewetzt. Das Original gab die Diözese mit einem schriftlichen Leihvertrag, in dem das Ding als sog. „Judensau" benannt ist, an das Reichsstädtische Museum der Stadt Bad Wimpfen.[11] Dort ist die Sau in einem Raum zur Geschichte der Juden in Wimpfen ausgestellt und exakt beschrieben. Zur Eröffnung dieses Raumes kam Ignatz Bubis, der damalige Präsident des Zentralrats der Juden in Deutschland.

2004 schrieben wir an den Mainzer Bischof Lehmann: „Dieses Zeugnis der mörderischen deutschen Judenfeindschaft, ist in Bad Wimpfen – öffentlich und unkommentiert – zu sehen; ebenso wie in 25 weiteren deutschen oder ehemals deutschen Kirchen. Weder in einem Kirchenführer noch am Ort der Verhöhnung selbst gibt es in Wimpfen ein öffentliches Zeichen des Bedauerns, der Distanzierung oder der Entschuldigung. Sicher handelt es sich nicht um ein Kunstwerk wie jedes andere und es bedarf dringend einer wohl überlegten Stellungnahme der christlichen Kirchen dazu – gerade in einer Zeit, in der antisemitische Übergriffe und Reden in Deutschland zunehmen. Unser Anliegen ist es, die Diskussion, die Information und die Bereitschaft zu eindeutigen distanzierenden Stellungnahmen anzuregen. Der Zentralrat der Juden in Deutschland sieht in dieser Angelegenheit ebenfalls ‚großen Handlungsbedarf'. [...] Wir schlagen für Bad Wimpfen eine öffentliche Veranstaltung zu diesem Thema und die Einrichtung eines dauerhaften Denkzeichens mit Information, Kommentar und Distanzierung an der Kirche (wie in Lemgo oder Wittenberg) vor. Wir hoffen sehr auf Ihre Unterstützung und Zustimmung und sind gerne zur Zusammenarbeit bereit."

Wasserspeier an der Ritterstiftskirche St. Peter in Bad Wimpfen.

Wir erhielten ein Antwortschreiben, dass man weder wisse, dass es dort so etwas gebe, noch wo der Wasserspeier sei, und wir sollten bitte nach Bad Wimpfen kommen und den Zuständigen die Sau zeigen. Man sei bereit, etwas zu unternehmen.

Bei einem Ortstermin erklärten uns die Konservatorin des Diözesanmuseums und der Weihbischof leicht unwirsch, dass sie keine Kenntnis von der Darstellung hätten und dachten, es sei ein Ungeheuer.[12] Erst durch uns hätten sie von der Bedeutung erfahren. Als ich ihnen den Wasserspeier zeigte und bemerkte, dass er ziemlich neu sei, entspann sich ein seltsamer Dialog:

„Der Wasserspeier ist ja ganz neu."

„Nein, der ist nicht neu."

„Höchstens fünf Jahre alt …"

„Nein zehn!"

„Wo ist denn das Original?"

„Im Museum."

„Im Diözesanmuseum?"

„Nein, hier in der Stadt."

Als ich dem Museumsdirektor davon erzählte, dass weder der Weihbischof noch die Konservatorin des Diözesanmuseums wissen würden, worum es sich bei dem Wasserspeier handelte, war er sehr verwundert.

Nachdem 2012 einige Zeitungen (u. a. Die WELT) darüber berichteten,[13] dass die entwürdigende Hohnskulptur immer noch kommentarlos die Kirchenfassade schmückt, entschloss sich die Diözese, eine sehr bescheidene Plexiglastafel mit einem Text darunter anzubringen, in dem es heißt: „Der aufrichtige Dialog mit dem jüdischen Volk, der sich dieser Geschichte stellt, ist für die Kirche der Gegenwart und Zukunft eine herausragende und dringliche Aufgabe."

Zerbst

In Zerbst in Sachsen-Anhalt existieren gleich zwei Sauereien (aus dem
15. Jahrhundert) – eine im Museum und eine an der Ruine der Kirche
St. Nicolai, die erstaunlich gut erhalten ist. Der Vorstand der evangelischen
Gesamtkirchengemeinde Zerbst weigerte sich in einem langen Schriftwechsel strikt, die Anregung einer Diskussion und der gemeinsamen Entwicklung eines distanzierenden Textes aufzugreifen und irgendetwas öffentlich
zu erklären – weder die heutige Haltung der Christen zur eigenen historischen Judenfeindschaft noch zum anwachsenden Antisemitismus in der un-
mittelbaren Umgebung. Es wurde die Gefahr beschworen, man könne einen

„Judensau"-Schmähskulptur an der Ruine der Kirche St. Nicolai in Zerbst.

„Wallfahrtsort oder Sammelpunkt an symbolträchtiger Stelle schaffen für Personen, die nationalistischen und/oder judenfeindlichen Gedanken anhängen." Man wolle auch „keinen Vorschub leisten, dass diese Skulptur nicht auch noch zerstört wird, entweder durch Souvenirsammler oder Leute, die meinen, das Antisemitismusproblem dadurch zu lösen, indem sie das störende Objekt zerstören."[14]

Unsere Entgegnung, durch Schweigen, Feigheit und Wegducken sei das Problem des Antisemitismus erst recht nicht zu lösen – wie Geschichte und Gegenwart zeigen – blieb ohne Antwort. Ebenso unser Hinweis, es käme sicher auf die unmissverständliche Formulierung eines Textes an, damit eine Tafel am Zerbster Saubild nicht zu einem Versammlungsort für Antisemiten wird. „Wir bleiben bei unsrem Standpunkt und betrachten die Angelegenheit als nunmehr endgültig abgeschlossen."[15]

Wittenberg

Am Südostchor der Stadtkirche in Wittenberg befindet sich die vielleicht bekannteste christliche Sauerei seit dem Jahre 1305. Bekannt wurde sie durch Martin Luther, der sich in seiner Schrift „Vom Schem Hamphoras" (1543) über die Sau, die Rabbiner, die Juden und ihren Gott auslässt: „Es ist hier zu Wittenberg an unserer Pfarrkirche eine Sau in Stein gehauen, darunter liegen junge Ferkel und Juden, die saugen, hinter der Sau stehet ein Rabbiner, der hebt der Sau das rechte Bein empor, und mit seiner linken Hand zeucht er den Pirtzel über sich, bückt und kuckt mit großem Fleiß der Sau unter dem Pirtzel in den Talmud hinein, als wollt' er etwas Scharfes und Sonderliches lesen und ersehen. Daher haben sie gewisslich ihr Schem Hamphoras."[16]

Luther forderte die Vernichtung der Synagogen, der Wohnhäuser der Juden, Zwangsarbeit und Vertreibung – was später das nationalsozialistische Deutschland realisierte. Seit 1988 gibt es eine bronzene Bodenskulptur mit einem seltsamen Text, der mehr verschweigt und vernebelt, als zu informieren und Stellung zu beziehen:

„Judensau"-Schmähskulptur an der Stadtkirche in Wittenberg.

„Gottes eigentlicher Name
Der geschmähte Schem Ha Mphoras
Den die Juden vor den Christen
Fast unsagbar heilig hielten
Starb in sechs Millionen Juden
Unter einem Kreuzeszeichen"

Bronzene Bodentafel in Wittenberg.

Das alles hebt die erniedrigende und beleidigende Wirkung der Sau-Skulptur gegenüber Juden in der Öffentlichkeit nicht auf. Sie wirkt an der Fassade im öffentlichen Raum nach wie vor in dem ursprünglich beabsichtigten diffamierenden Sinn. Deswegen sollte die „Judensau"-Schmähskulptur entfernt werden und – wenn deutsche Christen und deutsche Kunsthistoriker sich wirklich mit der Geschichte ihres Judenhasses anhand dieser Skulpturen auseinandersetzen wollen – dann können diese Hassbilder zu diesem Zweck in den Innenraum ihrer Kirchen verlagert werden. Dort sind heute lebende Juden nicht mehr zwangsläufig ihrer beleidigenden Wirkung ausgesetzt. Eine stattdessen aufklärende Texttafel an ihrem Standort wäre ein sinnvoller Ersatz, der die Schande der christlichen Judenfeindschaft nicht vertuscht.

2018 wurde bei Gericht eine Klage auf Entfernung der Saubilder eingereicht.[17] Ein entsprechendes Urteil wäre sehr zu begrüßen. Da der Ungeist dieser Saubilder den Maximen der Unesco widerspricht, ist die erfolgte Aufnahme der Kirchen in das Weltkulturerbe rückgängig zu machen – es sei denn, die Skulpturen werden aus dem öffentlichen Raum entfernt. Das gilt für die Dome in Köln und Regensburg und Wittenberg. Judenhetze im öffentlichen Raum darf keinen Bestand haben.

MICHAEL KOCH, LAUPHEIM

„SO BRECHEN DIE SPUREN EINES NUR ÜBERDECKTEN JUDENHASSES HERVOR" – ZEUGNISSE DES ANTISEMITISMUS IN LAUPHEIM ALS HERAUSFORDERUNG DER MUSEUMSPÄDAGOGIK

Die 200jährige Koexistenz von Christen und Juden hat auch in Laupheim Zeugnisse der Feindschaft gegen Juden hinterlassen. Am Beispiel von vier ausgewählten Objekten zeigt Michael Koch, der Pädagogische Leiter des Laupheimer Museums zur Geschichte von Christen und Juden, wie man mit dieser Herausforderung verantwortungsvoll umgehen kann, ohne bloßes historisches Sachwissen zu vermitteln oder Juden immer wieder aufs Neue in eine Opferrolle zu drängen.

In nahezu jedem Raum des Laupheimer Museums zur Geschichte von Christen und Juden lassen sich Zeugnisse der Feindschaft gegen Juden nachweisen. Sie begleiten die 200jährige Geschichte von Juden in Laupheim und zeigen, dass die weitgehend friedliche Koexistenz von Christen und Juden auch in Laupheim überschattet wurde von antisemitischen Vorurteilen, Stereotypen und Anfeindungen. Am Beispiel ausgewählter Zeugnisse soll dargestellt werden, in welchen „Spielarten" Antisemitismus in Laupheim belegt ist und inwiefern diese Zeugnisse eine Herausforderung der Museumspädagogik darstellen. Leitende Fragestellungen dazu lauten: Wie soll man angemessen mit derartigen Zeugnissen umgehen, ohne damit zu moralisieren oder zu belehren? Lässt sich damit mehr vermitteln als ein bloßes historisches Sachwissen? Und werden Juden damit nicht immer wieder aufs Neue in eine Opferrolle gedrängt? Mögliche Antworten auf diese nach wie vor aktuellen Fragen sowie pädagogische Zugänge aus der Laupheimer Museumspädagogik möchte ich in meinem nachfolgenden Beitrag exemplarisch vorstellen.

Tonmodell einer Kreuzwegstation von Gabriel Lämmle (1851-1925), um 1880

Haben Laupheimer Juden Jesus gekreuzigt?

Über den Laupheimer Bildhauer Gabriel Lämmle (1851-1925) wird folgende Begebenheit berichtet: Im jüdischen Gasthof Ochsen sah man öfters
einen jungen Mann, den Bildhauer Gabriel Lämmle, in der Ecke sitzen, der
eifrig Blätter bekritzelte, bis ihm ein jüdischer Gast über die Schultern
schaute. Darauf musste er unter Androhung von Gewalt dem Wirtshaus entfliehen, denn er hatte die jüdischen Gäste als Vorlage für die Henkers-
knechte der Kreuzigung Jesu gezeichnet. Später konnten alle Laupheimer
seine Werke an der katholischen Leonardskapelle betrachten: Jesus wurde
einst gefoltert und gekreuzigt von Laupheimer Juden.[1]

Die Modelle von zwei Kreuzwegstationen, die Gabriel Lämmle um
1880 gestaltet hat, befinden sich im mittleren Raum zum 19. Jahrhundert
der Dauerausstellung. Diese judenfeindlichen Darstellungen bezeugen
einen tief verwurzelten religiösen Antisemitismus, der insbesondere deswegen so schwerwiegend bleibt, da der Vorwurf des Christusmords als
Nährboden aller religiösen Judenfeindschaft angesehen werden muss. Die
Objektbeschriftung ergänzt dazu: „Bilder wie diese trugen maßgeblich dazu
bei, allen Toleranzbestrebungen zum Trotz in der Bevölkerung Misstrauen
und Vorurteile gegen Juden lebendig zu halten."

Was mag Laupheimer Juden beim Anblick vergleichbarer Kreuzwegstationen entlang der Laupheimer Friedhofskapelle durch den Kopf gegan-
gen sein, wenn sie darauf Mitglieder ihrer eigenen israelitischen Gemeinde
wiedererkennen konnten? Und wie ist das Verhalten des Bildhauers Gabriel
Lämmle zu bewerten? Derartige Fragen eröffnen auch einen emotionalen
Zugang und erfordern Empathie von den Betrachtern dieser Objekte.

Gerade weil der christliche Vorwurf von den „Juden als Christusmör-
dern" aber so zentral ist, reicht eine rein historische Betrachtung dieses
Sachverhalts meiner Auffassung nach nicht aus. Vielmehr bedarf es zumindest einer theologischen Erweiterung. Dass Jesus ein Jude gewesen ist, hat
sich inzwischen herumgesprochen. Fragt man dagegen, ob sich Museumsbesucher den jüdischen Jesus, der nach acht Tagen Jeshua genannt und be-
schnitten wurde (Lk 2,21) und sein gesamtes Leben als Jude unter Juden
gelebt hat und als solcher gestorben ist, jemals als Jude vorgestellt haben,

beispielsweise mit Kippa und Tallit, so zeigt sich sehr schnell, dass es sich um ein zumeist rein kognitiv angeeignetes Wissen handelt, ohne jegliche Verankerung im Judentum.

Jesus als Juden sichtbar werden zu lassen, wie dies 1938 Marc Chagall nur wenige Wochen nach den Reichspogromen auf dem Bild „Die weiße Kreuzigung" ins Bild gesetzt hat, wäre ebenso denkbar wie die Einkleidung einer Besucherin oder eines Besuchers in jüdische Gebetskleidung. Auch wenn innerhalb des Judentums die Frage, wer wann und wo Kippa und Tallit getragen hat, bereits zu heftigen Kontroversen geführt hat und nach wie vor nicht abschließend geklärt werden konnte,[2] erscheint mir diese pädagogische „Hilfskonstruktion" dennoch tauglich, denn sie führt eindrücklich vor Augen, dass sich die meisten Museumsbesucher den Juden Jesus niemals zuvor wirklich als Juden vorgestellt haben. Dahinter steht auch eine sehr lang andauernde christliche Verdrängungsgeschichte, die ihre eigenen jüdischen Wurzeln vielfach marginalisiert und nahezu hat unsichtbar werden lassen. Theologisch gerechtfertigt ist diese von mir gewählte Veranschaulichung aber insbesondere dadurch, dass „die christliche Überlieferung [...] den Keim des Jüdischen unablösbar in sich [trägt]".[3]

Hirschle, ein Brandstifter?

In dem 1985 erschienenen Alt-Laupheimer Bilderbogen befindet sich unter zahlreichen Dokumenten und Darstellungen zur Laupheimer Stadtgeschichte ein Druck, der mit der Bildunterschrift „Hirschles Ankunft in Laupheim, den 9. Juli 1843" versehen ist. Völlig zurecht bemerkte Josef Braun am Ende seiner Ausführungen dazu: „Das originelle Bild von 1843 ist mehr Dichtung als Wahrheit!".[4] Dies gilt zugleich aber auch für seine eigenen Gedanken, denn der einstige ehrenamtliche Museumsleiter des Laupheimer Heimatmuseums vermochte „[o]hne genauere Kenntnis des Vorgangs" – wie er selbst anmerkte – zunächst nur ein „ergötzliches Bild" darin zu sehen,[5] wenn er weiter schreibt: „[...] das uns in eine Welt hineinführt, die den gemütlich–kleinbürgerlichen Charme der Biedermeierzeit ausstrahlt."[6]

Grafik „Hirschles Ankunft in Laupheim", 9. Juli 1843

Um allen Missverständnissen vorzubeugen, es geht mir in meinen Ausführungen nicht darum, die Leistungen von Josef Braun um das Laupheimer Museum zu schmälern oder gar in Abrede zu stellen. Das absichtsvoll
gewählte Beispiel zeigt jedoch nur dann ein Kleinstadtidyll, wenn man um
die vorangegangenen Ereignisse um Hirschle nichts weiß. Was war passiert?

Nachdem es 1843 zur Brandstiftung in Ulm gekommen war, wurde Raphael H. Hirschfeld aus Laupheim, auch Hirschle genannt, verdächtigt, den
Brand gelegt zu haben, weil er sich zeitgleich geschäftlich in Ulm aufhielt
und in der Nähe gesehen worden war. Nur mit polizeilicher Hilfe konnte
er dem Volkszorn in Ulm entkommen, wo er vorübergehend in Haft gesetzt
wurde. Die Stimmung erschien Ulmer Juden so bedrohlich, dass sie um ihr
Leben fürchteten und sogar aus der Stadt geflohen sein sollen. Auch Laupheimer Juden sorgten sich um Übergriffe, bis der Fall aufgeklärt und Raphael Hirschfeld wieder aus dem Gefängnis entlassen wurde. Die
Erleichterung darüber war groß, hatte der Vorfall doch gezeigt, dass Juden
noch immer als Sündenböcke für begangene Straftaten herhalten mussten.[7]
Die Historikerin Benigna Schönhagen resümiert dazu: „Die Furcht vor
einem Pogrom war damals, erst fünfzehn Jahre nach dem Emanzipations-
gesetz, für Juden noch höchst real."[8]

Diese Einschätzung deckt sich zumindest teilweise mit einer jüdischen
Quelle. Leopold Hofheimer, ein Neffe von Raphael Hirschfeld, schilderte
diese Vorgänge in seiner Hauschronik folgendermaßen: „Mittwoch, der 5.
Juli war für meine Familie in Laupheim, so wie für die ganze dortige israelitische Gemeinde, ein fürchterlicher Tag, in dem mein Onkel Raphael
H. Hirschfeld (Hirschle genannt), der schon seit 40. Jahren beinahe jede
Woche nach Ulm kömmt von frechen Lügnern beschuldigt wurde, sich als
Werkzeug zur Anlegung des […] zu Ulm ausgebrochenen Brandes brau-
chen gelaßt zu haben […]."[9] Die „Ulmer Schnellpost" berichtete ebenfalls
von dem Brandanschlag am 14. Juni 1843, nicht aber davon, „dass die Ver-
haftung Hirschles von antijüdischen Tumulten begleitet worden wäre."[10]
Der Herausgeber der Hauschronik merkt jedoch an, es könne aus einer Zei-
tungsnotiz derselben Ulmer Zeitung vom 2.7. 1843 allenfalls auf eine „antijüdische Grundstimmung" geschlossen werden.[11]

Diese unterschiedlichen Sichtweisen auf ein und dieselbe Begebenheit werfen unweigerlich Fragen auf: Wer erinnert sich an was bzw. an was nicht und warum? Welche Gründe könnte es haben, dass die Erinnerungen daran so unterschiedlich ausfallen? Eine Auswertung der skizzierten Quellen zeigt, dass die vorgenommenen Bewertungen nicht frei von Interessen sind. Zudem spricht aus der Hauschronik des Leopold Hofheimer eine unmittelbare Betroffenheit, die ursprünglich nicht zur Veröffentlichung bestimmt gewesen ist. Das rekonstruierbare Gesamtbild dieser Ereignisse zeigt jedoch, dass der Druck zu „Hirschles Ankunft in Laupheim" an eine jüdische Erfahrung von anhaltender Bedrohung und Diskriminierung erinnert, selbst wenn das dafür gewählte Bildmotiv zunächst idyllisch zu wirken scheint. Es spricht manches dafür, dass die verwendete Abbildung ursprünglich gar nicht Hirschles Ankunft zeigte, sondern aus Kostengründen erst nachträglich mit entsprechender Beschriftung versehen wurde. Die Idylle korrespondiert dann ausschließlich mit dem Ergebnis, dass Emanzipation und rechtliche Gleichstellung am Ende durchgesetzt und behauptet werden konnten. Dies ist die positive Wendung für die Laupheimer Juden angesichts der immer gleichen Schuldzuweisung: "Wer war's? Der Jude war's!"

Geglückte Emanzipation?

„Ja, es ist ein weiter Weg von der Judenschule bis hierher und nicht ohne Selbstbewußtesein sehe ich auf das Erreichte, nicht ohne Genugtuung empfinde ich, daß mir noch Manches erreichbar ist."[12] Gerade einmal fünf Jahre nach der vollen politischen Gleichstellung von Juden in Württemberg schrieb Dr. Kilian Steiner (1833-1903) diese Zeilen im Jahr 1869 an seine Braut. Hinter ihm lagen seine Kindheit in Laupheim, der Besuch der jüdischen Schule, weiterführende Schulbesuche an Gymnasien in Stuttgart und Ulm, ein Jurastudium in Tübingen und Heidelberg sowie seine Tätigkeit als Advokat in Heilbronn. Seit 1865 lebte er in Stuttgart, wo er in den folgenden Jahren zu einem gefragten Finanzfachmann seiner Zeit aufstieg.

Bereits im Alter von 12 Jahren soll Kilian Steiner noch Anstoß genom-

men haben an einer Inschrift am Laupheimer Schlossportal. Sie lautete Rebekka Treitel zufolge: „Ein Jud und ein Schwein, darf hier nicht herein".[13] Derartige Inschriften mit variierendem Wortlaut sind auch andernorts belegt.[14] Sie führte Juden wie Nichtjuden vor Augen, dass Juden auch in Laupheim – allen Emanzipationsbemühungen zum Trotz – nicht als gleichberechtigt angesehen wurden. Selbst wenn Juden im Königreich Württemberg die volle politische Gleichberechtigung erst 1864 erlangten und vielfach nur als „Bürger zweiter Klasse" angesehen wurden.[15] Dass die Juden darüber hinaus aber auch mit Schweinen in Verbindung gebracht wurden, die im Judentum als unrein gelten, ist eine lange und traurige Geschichte. Die sogenannte „Judensau" sorgt – wie z. B. an der Wittenberger Stadtkirche – bis heute für heftige Kontroversen und gehört seit dem frühen 13. Jahrhundert zum festen Inventar judenfeindlicher Darstellungen und stellte im Repertoire der antisemitischen Stereotypen immer schon eine äußerst verletzende Verunglimpfung dar.[16]

Auch wenn uns von ihm keine persönlichen Äußerungen dazu vorliegen, so kommt sein Biograf Otto K. Deutelmoser gleichwohl zu dem Schluss: „Ohne Zweifel ist Steiner mit dem Problem [des Antisemitismus, M.K.] konfrontiert worden."[17] Denn, so Deutelmoser weiter, „[e]iner seiner besten Freunde, mit dem er viele Gespräche geführt hat, Berthold Auerbach, litt in seinen letzten Lebensjahren sehr unter einem sich verstärkenden Antisemitismus."[18] Der aus der Nähe von Horb stammende Schriftsteller zog am Ende seines Lebens darüber verbittert Bilanz: „Es ist eine schwere Aufgabe, ein Deutscher und ein deutscher Schriftsteller zu sein, und noch dazu ein Jude. […] Will sich aber der Jude frei und selbständig, mit dem ganzen Gehalte einer eigentümlichen Persönlichkeit neben sie, oder gar gegen eine ihrer Tendenzen stellen, so brechen die Spuren eines nur überdeckten Judenhasses hervor."[19]

Gezielte antisemitische Angriffe gegen den Mitbegründer der Württembergischen Vereinsbank lassen sich z. B. nach 1933 belegen. In einer Biografie über Gottlieb Daimler finden sich folgende Ausführungen über ihn:

Kilian von Steiner (1833-1903), um 1900

„[D]ieser mit dem gut-christlich und arisch klingenden Namen Kilian Steiner ausgestattete damalige Führer der ‚Großdeutschen Bewegung in Württemberg' war einer von den einflußreichsten Juden aus Laupheim in Ober-
schwaben, und trotz seiner christlichen Drapierung war er Jude geblieben
und ist auch als solcher am 25. September 1903 in Stuttgart gestorben. [...]
Wie es möglich wurde, daß man in dem gut schwäbischen Städtchen Laupheim mit derart zarter Sorgfalt dafür sorgte, den ursprünglich jüdischen
Familiennamen der ‚Steiner' zu vertuschen, ist nur aus der für solche Ent-
wicklungen typischen Laupheimer Lokalgeschichte heraus verständlich."[20]

Mit derartigen Formulierungen brachte der Gottlieb Daimler-Biograf
Paul Siebertz 1940 den hochverdienten Kilian von Steiner in Misskredit.
Dass Siebertz ihm gleich ein ganzes Kapitel gewidmet hat, ist leicht durch-
schaubar, sollte Daimler doch von dem Verdacht einer freiwilligen Zusammenarbeit mit einem jüdischen Bankier freigesprochen werden, was dem
Biografen letztlich nur dadurch gelingen konnte, indem er das hetzerische
Zerrbild von einem niederträchtigen Finanzjuden konstruierte, der sich
obendrein mit einem christlich klingenden Namen getarnt habe.[21] Was einst
mit dem Verrat Jesu durch einen Einzelnen begonnen hatte, wurde zu einem
stereotypen Vorwurf vom Juden als Wucherer transformiert, dessen Geld
inzwischen längst zur Weltverschwörung taugt.

Die absichtsvolle Umdeutung des Laupheimer Juristen und Bankiers
Dr. Kilian von Steiner verschweigt jedoch dessen einzigartige Erfolgsge-
schichte. Aufgrund seiner Verdienste wurde er 1895 sogar persönlich ge-
adelt, ohne dass er sich dafür hatte taufen lassen. Dass er als Jude überhaupt
einen derartigen gesellschaftlichen Aufstieg erlangen konnte, ist zugleich
Ausdruck einer bis dahin ungekannten Emanzipationsgeschichte. 1843 er-
warb sein Vater, Victor Steiner, das Schloss Großlaupheim. Ehemalige Laupheimer Schutzgeldjuden waren auf diese Weise innerhalb von zwei Generationen zu Schlossherren aufgestiegen. Wir erinnern uns, im selben Jahr
wurde Hirschle in Ulm noch verdächtigt, einen Brand gelegt zu haben.

Der biografische Zugang über Kilian von Steiner ist in unserem Zusammenhang gerade deswegen so interessant, weil er zwischen seiner Herkunft
vom Laupheimer Judenberg und dem späteren Schlossbesitz eine einzigartige
und erfolgreiche Emanzipationsgeschichte sichtbar werden lässt, die als

Laupheimer Lokalgeschichte bis heute zwischen Judenberg und Schloss auch „begehbar" ist. Ergänzt werden könnte dies sowohl mit Kilian von Steiners Verdiensten um die wirtschaftliche und industrielle Erschließung des Südwestens[22] als auch durch sein maßgebliches Engagement für die Gründung des Schillermuseums in Marbach am Neckar.[23] Dass gerade dieser Zugang bislang nicht angefragt wird, hat insbesondere mit den Schwerpunktsetzungen der Bildungspläne zu tun. Gleichwohl gilt es, diese Laupheimer Persönlichkeit bei Museumsführungen eigens zu würdigen. Dass seiner Familie ein Raum der Dauerausstellung gewidmet ist, legt diese Entscheidung nahe. Antisemitismus bildet dabei gleichsam eine Hintergrundfolie, der Steiner für die Dauer weniger Jahrzehnte entfliehen konnte, die aber dennoch immer virulent geblieben ist, auch über seinen Tod hinaus.

Sind Juden Drückeberger?

Die Euphorie des Kriegsbeginns von 1914 war nach zwei Kriegsjahren längst verflogen und Hoffnungen auf einen raschen Sieg erschienen bereits nach dem ersten Kriegswinter fragwürdig. Der von Kaiser Wilhelm II. heraufbeschworene „Burgfrieden" – der Dauerausstellung als Raumzitat eingeschrieben: „Ich kenne keine Parteien und auch keine Konfessionen mehr; wir sind heute alle deutsche Brüder und nur noch deutsche Brüder" – wurde zunehmend brüchig. Gezielte antisemitische Parteinahme und Hetze gegen Juden, wie der verbreitete Judenwitz: „Überall grinst ihr Gesicht, nur im Schützengraben nicht!"[24], entfalteten eine breite Wirkung und gipfelten vorläufig in einem Erlass des preußischen Kriegsministeriums mit dem Titel: „Nachweisung der beim Heere befindlichen wehrpflichtigen Juden" vom 11. Oktober 1916, kurz „Judenzählung" genannt.

Diese Zählung der Juden inmitten des Ersten Weltkriegs bewirkte eine massive Enttäuschung bei denen, die plötzlich unter dem Verdacht standen, lediglich „Drückeberger" zu sein. Hatten viele Juden in ihrer freiwilligen Kriegsteilnahme noch eine Chance auf Anerkennung als gleichberechtigte Staatsbürger gesehen, so bewirkte die Judenzählung bei den Betroffenen einen regelrechten Schock. „Dieser ungerechtfertigte Angriff auf Ehre und

Würde der deutschen Juden traf ins Mark. Eine ganze Reihe vor allem junger deutsch-jüdischer Frontkämpfer hat dies innerlich dem Land entfremdet, für das sie ihr Leben zu opfern bereit waren."[25]

Der nachfolgende Dialog stammt aus dem Tagebuch des Soldaten Julius Marx und spiegelt die Enttäuschung eines jüdischen Frontkämpfers unmittelbar. Eine szenische Lesung bietet sich dazu methodisch an:

„Vorhin wurde ich zum Kompagnieführer gerufen. Ein Formular lag vor ihm auf dem Tisch:

Julius Marx: ‚Zur Stelle!'

Leutnant: ‚Ich muss ihre Personalien aufnehmen.'

Julius Marx: ‚Darf ich fragen, Herr Leutnant, wozu?'

Leutnant: ‚Ja – – das Kriegsministerium – man hat dem Kriegsminister nahegelegt – – also, es soll eben festgestellt werden, wie viele Juden sich an der Front befinden – – '

Julius Marx: ‚– – – Und wie viele in der Etappe? Was soll denn dieser Unsinn?! Will man uns zu Soldaten zweiten Ranges degradieren, uns vor der ganzen Armee lächerlich machen? Man schikaniert uns, befördert uns nicht, tut aber doch entrüstet, wenn sich dann mancher den Krieg lieber von der Etappe aus ansieht – – '

Leutnant: ‚Sie haben vollkommen recht, aber ich kann es nicht ändern. Wann sind sie geboren? – –'

Julius Marx: ‚Pfui Teufel! Dazu also hält man für sein Land den Schädel hin – – '."[26]

Das gewählte Beispiel ist in besonderem Maße geeignet, den Hoffnungen und den Verdiensten von Juden um ihr deutsches Vaterland nachzuspüren. Der Ausstellungsraum zum Ersten Weltkrieg bietet Raum für eigene Entdeckungen, zeigt Orden, Auszeichnungen und Aufopferungsbereitschaft. Ein besonderes Augenmerk verdient dabei u. a. das Charlottenkreuz am Band, das der württembergische König Wilhelm II. Rebekka Treitel für ihren Dienst an verwundeten Soldaten im Laupheimer Lazarett verliehen hat. Dabei handelt es sich um die höchste Auszeichnung, die einer Frau überhaupt zuteilwerden konnte. Damit hatte sich auch die Frau des Laupheimer Rabbiners ganz in den Dienst des Vaterlands gestellt, genau wie

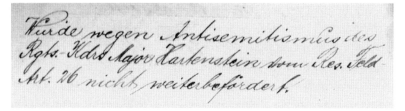

Eintragung von Benno Nördlinger (1895-1979) in das Gedenkbuch
jüdischer Frontsoldaten aus Laupheim, um 1919

dies zu Kriegsbeginn auch der Centralverein deutscher Staatsbürger jüdischen Glaubens von allen jüdischen Männern und Frauen in Deutschland gefordert hatte.[27]

Zugleich verschweigt die Sammlung aber nicht die Demütigung durch erlebten Antisemitismus. Der spätere Ochsenwirt Benno Nördlinger hat diese Erfahrung in seinem „Erinnerungsblatt an den Weltkrieg 1914–1918 für die israelitische Gemeinde Laupheim" ausdrücklich bestätigt mit den Worten: „Wurde wegen Antisemitismus des Regiments-Kommandeurs Major Hartenstein vom Reserve Feld-Artillerie Regiment 26 nicht weiterbefördert."[28]

Mit der Sammlung derartiger Erinnerungsblätter versuchten die Juden sich nachträglich gegen den Vorwurf der „Drückebergerei" zu wehren. Jüdische Verbände, wie z. B. der Centralverein deutscher Staatsbürger jüdischen Glaubens, hatten zu Beginn des Krieges alle deutschen Juden, „Männer und Frauen", dazu aufgerufen, sich „über das Maß der Pflicht hinaus […] dem Vaterland zu widmen" und „durch persönliche Hilfeleistungen jeder Art und durch die Hergabe von Geld und Gut in den Dienst des Vaterlandes" zu stellen.[29] Nun forderten sie ihre Mitglieder auf, den falschen Vorwürfen mit Tatsachen zu begegnen, denn die Juden waren alles andere, nur keine Drückeberger! Dass man in Laupheim ab 1922 gemeinsam der gefallenen deutschen Soldaten auf zwei Friedhöfen gedachte, zeigt zumindest, dass man sich in Laupheim jüdischer Verdienste und Opferbereitschaft sehr wohl bewusst war. Und weil dies auch die Dauerausstellung sehr anschaulich belegt, empfiehlt sich eine selbständige Recherche im Raum zum Ersten Weltkrieg.

Am Beispiel der ausgewählten Objekte der Museumssammlung lässt sich zusammen mit einigen ergänzenden Quellen sowie entsprechenden Arbeitsaufträgen in Gruppenarbeit ein komplexeres Gesamtbild erarbeiten, das Schülerinnen und Schüler nicht nur über historische Ereignisse informiert, sondern ihnen darüber hinaus auch Bewertungen abverlangt. Die sogenannte „Judenzählung" inmitten des Ersten Weltkriegs bietet dabei ein unverbrauchtes Thema mit biografischen Zugängen. Zugleich zeigt es Juden als aktiv Handelnde, die zugleich als Juden *und* Deutsche für ihr Vaterland wie auch für ihre Anerkennung zu kämpfen bereit waren.[30] Zudem haben sie sich gegen die perfiden antisemitischen Anfeindungen zur Wehr gesetzt, die ihrer Funktion nach leicht als Sündenbock-Behauptung entlarvt werden können, nachdem der Kriegsverlauf nicht mehr zu den gewünschten Ergebnissen führte. Warum diese Vorgänge ihre Wirkung weder in der Mehrheits- noch in der Minderheitsgesellschaft verfehlt haben, bedürfte einer weiterführenden Auseinandersetzung. Denkbar wäre in diesem Zusammenhang einerseits die Frage, warum die jüdischen Soldaten auf die sogenannte „Judenzählung" so ungehalten reagiert haben? Andererseits drängt sich auch eine Frage mit Gegenwartsbezug auf, was z.B. Minderheiten in Deutschland heute in vergleichbarer Weise betroffen machen könnte und warum?

Herausforderungen für die Museumspädagogik

Alle vorgestellten Beispiele wurden von mir als Fragen formuliert, die nach einer Beantwortung drängen. Entsprechend sind Materialien und Arbeitsaufträge so zu gestalten, dass diese von Schülerinnen und Schülern unterschiedlicher Altersgruppen möglichst selbständig bearbeitet und auch beantwortet werden können. Bewährt hat sich bislang ein Führungsangebot, das Schülerinnen und Schüler nach einer Arbeitsphase mit in den Museumsrundgang einbindet, so dass sie Gelegenheit erhalten, sich ihre Ergebnisse gegenseitig vorzustellen.

Regionalgeschichtliche und biografische Zugänge ermöglichen dabei ein exemplarisches Lernen an konkreten Ereignissen vor Ort, die zumeist unmittelbar in einen überregionalen historischen Kontext eingebettet werden können. Wann immer möglich, sollten Gegenwartsbezüge hergestellt und Empathiefähigkeit gefördert werden, ohne dabei zu belehren oder zu moralisieren.

Mit seinen Angeboten muss das Museum als außerschulischer Lernort immer auch schulische Bedürfnisse berücksichtigen, wie diese insbesondere durch die Vorgaben der Bildungspläne vorliegen. An der gewählten Thematik des Antisemitismus zeigt sich mustergültig, dass diese Schwerpunktsetzung trotz ihrer großen gesellschaftlichen Relevanz nur über die Fächer Geschichte und Jüdische Religionslehre Eingang in den baden-württembergischen Bildungsplan von 2016 gefunden hat. Gleichwohl handelt es sich momentan um das am häufigsten angefragte museumspädagogische Angebot in Laupheim für Schülerinnen und Schüler ab Jahrgangsstufe 9. Verschiedene Formate sind bereits erprobt, wie die bereits angesprochene Museumsführung mit Schülerbeteiligung oder ein ergänzendes Workshop-Angebot, das kurz zuvor in Zusammenarbeit mit der Landeszentrale für politische Bildung Baden-Württemberg durchgeführt wurde.

Methodische Abwechslung ist dabei immer gewollt und wünschenswert, ohne dass Methodenvielfalt als bloßer Selbstzweck angesehen werden darf. Das heißt, die vorgestellten museumspädagogischen Angebote lassen sich sehr unterschiedlich arrangieren, wie z. B. als Führung, Recherche, Quellenvergleich, szenische Lesung, Diskussion usw. Sofern die gewählten Methoden gleichermaßen abgestimmt sind auf den Lerngegenstand, die jeweilige Lerngruppe und die beabsichtigten Zielsetzungen, erscheint mir alles erlaubt, was Schülerinnen und Schüler in angemessener Weise zu einer selbständigen Auseinandersetzung motiviert. Insbesondere das pädagogische Postulat der Angemessenheit darf dabei jedoch als eine der bleibenden Herausforderungen herausgestellt werden.

Anknüpfungspunkte zur Lebenswelt der Schülerinnen und Schüler sind durch den aktuellen Umgang mit Minderheiten, bleibende Erfahrungen von Vorurteilen, Rassismus und Ausgrenzung sowie ein medial verstärktes Auftreten von politischen Scharfmachern gegeben. Damit erweist sich das Museum Laupheim gleichsam als Rückspiegel, der den Blick auf die Gegenwart schärft, wann immer das Verhältnis von Mehrheits- und Minderheitsgesellschaft thematisiert wird, wie es sich über zwei Jahrhunderte der Koexistenz von Christen und Juden entwickelt hat, ohne dabei Juden nur als Opfer sehen zu wollen. Darin liegt eine einzigartige Chance, aber auch eine bleibende pädagogische Herausforderung.

P.S.: Wäscht Paul sich nie?

Der Kurzfilm „Stille Post" (D, 2007) könnte kürzer und prägnanter nicht sein: In nur drei Minuten macht eine unerhörte Gemeinheit unaufhaltsam die Runde. Das Spiel auf Kosten eines Einzelnen nimmt seinen Lauf und erst die unerwartete Pointe wendet den Film zurück ins Spielerische. Was scheinbar kindlich daherkommt, verdeutlicht nur zu gut, wie hartnäckig Vorurteile sind und wie unüberlegt sie einfach weitergegeben werden – allzu oft nicht ohne Schadenfreude der Beteiligten. Zugleich vermittelt uns der Film eine Vorstellung davon, was Berthold Auerbach gemeint haben könnte mit seiner resignierenden Feststellung: „So brechen die Spuren eines nur überdeckten Judenhasses hervor". Das unerwartete Happy End des Films ist folgerichtig nicht ohne Anstrengung zu haben, das zeigt das konzentrierte Innehalten des vorletzten Schülers sehr eindrücklich. Ein derartiges Innehalten aber pädagogisch anzuregen und zu begleiten, müsste vielleicht als eine der zentralen Zielsetzungen angesehen werden, denn jeder Einzelne könnte die fatale Kette der Vorurteile und der Ausgrenzung unterbrechen und daher muss auch jeder Einzelne dazu befähigt werden, nicht nur im Museum.

GUY STERN, DETROIT

PROPHETEN EINER DYSTOPIE –
SINCLAIR LEWIS,
LAURA Z. HOBSON,
PHILIP ROTH

Heute wird die Gefahr des sich ausbreitenden Antisemitismus in europäischen und amerikanischen Zeitungen und Zeitschriften häufig kolportiert. Ganze Sondernummern werden diesem bedrohlichen Thema gewidmet. Man fragt sich jedoch, ob diese wohlgemeinten Warnungen nicht reichlich spät – hoffentlich nicht zu spät – erfolgen. Aber wie so oft in der Geschichte waren auch hier kreative Geister den Berichterstattern weit voraus: In diesem Beitrag werden drei amerikanische Romane vorgestellt, die den aktuellen und potentiellen Verfall der amerikanischen Demokratie und den Übergang in eine Diktatur prophezeien. Der so genannte amerikanische Traum verwandelt sich ins genaue Gegenteil in eine Dystopie, die die mentalen und auch die physischen Auswirkungen von Antisemitismus aufzeigt.

In der Literaturwissenschaft wird das Gegenbild zur positiven Utopie eine Dystopie genannt. Dabei handelt es sich um eine fiktionale, in der Zukunft spielende Erzählung mit negativem Ausgang. Damit befasst sich dieser Aufsatz. Übrigens: Sämtliche englischen Zitate habe ich größtenteils direkt ins Deutsche übersetzt oder aus den entsprechenden Quellen entnommen.

Heutzutage, also in den Jahren 2017-2019, ist es keine Seltenheit mehr, dass sich Zeitschriften in Europa und Amerika mit dem Thema des sich ausbreitenden Antisemitismus befassen; es oft sogar zum Titelthema einer Ausgabe wählen. So nennt zum Beispiel die amerikanische Zeitschrift Time ihre Ausgabe vom 28. August 2017 „Hate in America" auf Deutsch „Hass in Amerika"[1] und die Chefredakteurin Nancy Gibbs steuert dazu selbst den ersten richtungsweisenden Aufsatz dieses „Special Reports" bei.[2]

In weiteren Beiträgen weisen die Koautoren Michael Scherer und Alexander Altman auf die antisemitischen Parolen der bigotten, rechtsradikalen

Demonstranten während der Ausschreitungen in Charlottesville, Virgina, hin: „And they mixed in a new anti-Semitic taunt ‚Jews will not replace us‘, meant to declare unity of the white race. („Und sie mischten auch eine neue antisemitische Schmähung bei: ‚Juden werden uns nicht verdrängen!‘, was als ein Zeichen des Zusammenhalts der weißen Rasse gemeint war.")[3]

Chefredakteurin Nancy Gibbs fügt dieser Feststellung noch eine dystopische Voraussage hinzu: „That much of the battle is fixed on the past is fitting, even though this fight is about the future." („Dass ein Großteil dieser Auseinandersetzung auf die Vergangenheit abzielt, erscheint passend, auch wenn es bei dieser Schlacht um die Zukunft geht.") Sie sieht Folgendes voraus: „There will be more marches, more clashes and, if the white supremacist leaders are right, more lives lost before this latest fight for the nation's soul resolves." („Weitere Demonstrationen und Zusammenstöße werden folgen und, wenn die Anführer der Verfechter der Vorherrschaft der weißen Rasse Recht behalten, wird es weitere Menschenleben kosten, ehe dieser neueste Kampf um die Seele der Nation eine Lösung findet.")[4]

Sicher sind diese trüben Voraussagen auch als eine Warnung für uns Amerikaner gedacht. Allerdings kommen sie reichlich spät, möglicherweise zu spät. Bei mir, dem Literaturforscher, stellt sich bei dieser Feststellung ein Gedanke ein, der schon von vielen Kollegen vorgebracht wurde: Ist es nicht so, dass Schriftsteller in ihren Werken oft in ihrer Weitsicht den Historikern und Politologen voraus sind? Kamen uns nicht schon vor den zitierten Warnungen Prophezeiungen aus der Feder renommierter Romanschriftsteller entgegen? Mir fielen bei dieser Überlegung sofort drei Prosawerke ein – jedes ein Bestseller, der ahnungsvoll ein Neuaufflackern des amerikanischen Antisemitismus warnend voraussagte. Diese drei Werke gilt es jetzt vorzustellen und ihre leider eindeutige Relevanz für den heutigen Augenblick klar vor Augen zu führen.

Es dürfte jetzt kaum überraschen, dass das erste hier analysierte Beispiel nicht weniger als 80 Jahre zurückliegt. Seine aktuelle Relevanz wird durch die Verlagsgeschichte bestätigt: Sinclair Lewis' Roman „It Can't Happen Here" erschien 1935.[5] Er wurde angeregt durch eigene Deutschlandreisen des Autors sowie und vielleicht noch mehr – durch die getrennten Reisen und Berichte seiner damaligen Ehefrau Dorothy Thompson.

Beide erblickten im Hitlerstaat die betörenden Machenschaften eines Diktators und seiner Anhänger. Als liberaler Kritiker seines Heimatlandes – eine Rolle, die bereits in seinen vorangegangenen Werken, zum Beispiel in „Main Street" (1920), immer wieder zum Ausdruck gekommen war[6] – stellte sich Lewis die naheliegende Frage, ob so etwas in den USA auch passieren könne. Das Thema lag in der Luft, auch Zeitungen und Zeitschriften beschäftigten sich damit, aber viele verneinten die Möglichkeit einer solchen Dystopie. In vier Monaten erarbeitete sich Lewis das Material und die Ausführung und verlieh dem Werk den ironischen Titel, der durch die Gestaltung des Romans in allen Einzelheiten, auch durch den schwebenden Ausgang, widerlegt wird. Etwa 330.000 Exemplare des Romans wurden verkauft. Und schon ein Jahr später erschien die schriftstellerisch hochstehende Übersetzung ins Deutsche im holländischen Exilverlag Querido, ausgeführt vom Exilautor Hans Meisel. Und nun noch, bevor eine kurze Wiedergabe der Handlung folgt, ein weiterer von der Verlagsgeschichte gelieferter Beweis für die Aktualität des Romans: Nach einem anfänglichen Riesenerfolg des Romans lag sowohl der Verkauf des Originals als auch der Übersetzung „Das ist bei uns nicht möglich" weitgehend brach. Er wurde dann aber ab 1984 vom Leipziger Kiepenheuer & Witsch-Verlag in Deutschland erneut verbreitet und schließlich – Sie werden die Bedeutung einer weiteren Jahreszahl nicht übersehen – in einer weiteren Auflage, nämlich im Jahr 2017, wieder zugänglich gemacht.[7] Ich darf eine kurze Zusammenfassung des Romans vorausschicken.

Sinclair Lewis beginnt mit der Skizzierung der Gesellschaft in einer Kleinstadt in Vermont. Die Einwohner kommen zu oberflächlichen Vorträgen und Partys zusammen, überbrücken mit Humor tief verankerte politische und gesellschaftliche Gegensätze und bagatellisieren die ersten Anzeichen einer Spaltung sowie die Tatsache, dass eine antidemokratische Zersetzung der amerikanischen Tradition bereits im Gange ist. Hinweise auf die Gefahr werden mit der optimistischen Phrase „Das ist bei uns nicht möglich" abgetan.

Seine zunächst kaum bemerkbaren Minen legt der Verfasser gleich in den ersten Kapiteln. Die Reichen des Städtchens opponieren aus Habgier gegen eine gerechtere Verteilung der weltlichen Güter, wollen der Gegenseite Maulkörbe verpassen, beschimpfen die Notleidenden als Schmarotzer und wären nicht abgeneigt, einen starken Mann am Ruder des Staates zu sehen, der nach dem Vorbild von Hitler und Mussolini Ordnung schafft. Seine Romangestalten auf beiden Seiten bezieht Lewis sowohl aus amerikanischen als auch aus europäischen Vorbildern. Der ständig an Macht gewinnende Demagoge, ein Senator aus einem Staat im Mittleren Westen, hat Huey „The Kingfish" Long zum Vorbild, den bis zu seiner Ermordung 1935 amtierenden Gouverneur in Louisiana. Der Demagoge gewinnt durch grotesk übertriebene Wahlversprechen, durch Lügen und Halbwahrheiten immer mehr Zulauf – auch aus der fiktiven Kleinstadt in Vermont – und sichert durch Korruption seine finanzielle Basis ab. Ihm zur Seite steht ein mysteriöser Meister der Propaganda, dem deutschen Propagandaminister Joseph Goebbels ähnelnd. Jener ist der Ghostwriter des amerikanischen Gegenstücks zu Hitlers „Mein Kampf", das auszugsweise unter dem Titel „Die Stunde Null" „dem Volk vermittelt" wird. Zu einem seiner wichtigsten Parteigänger wird den Verschwörern ein charismatischer Bischof, der mit subtiler Heuchelei die Bevölkerung aufhetzt, ihr sogar zuredet, einen Krieg in Kauf zu nehmen. Er trägt Züge des Radiopredigers Father Coughlin.

Hauptgegenspieler dieser Volksverführer ist der Redakteur der Lokalzeitung, Doremus Jessup, der diese Machenschaften zwar durchschaut und ironisch betrachtet, sie gelegentlich auch bloßstellt, sie aber zunächst aus Bequemlichkeit nicht tatkräftig bekämpft. Ihm zur Seite steht eine mutige, eloquente Frau, die mit dem verheirateten Doremus ein Verhältnis hat. Einige weitere Gestalten tragen zur Dramatik des Romans bei. Philipp, ein Sohn des Protagonisten und Parteigänger des Demagogen, entfacht einen häuslichen Konflikt. Ein ausgedienter General löst Beifallsstürme aus, als er seiner Zuhörerschaft einen weiteren Krieg verkauft. Ein Handlanger des Redakteurs wird der nötige Gewalttäter des Umsturzes der demokratischen Ordnung. Es kommt, wie es kommen musste. Bei der Wahl von 1936 stellen die Republikaner einen anständigen und wahrheitsgetreuen Politiker auf; die Demokraten, innerlich gespalten, stellen den regierenden Präsidenten Franklin Delano Roosevelt nicht wieder auf und können eine Spaltung der Partei nicht verhindern. Zum Präsidenten gewählt wird der Volksverführer.

Was nun folgt, kennen wir und kannten Lewis und seine Frau aus eigener Anschauung: Konzentrationslager werden errichtet, das Land in neue Verwaltungsbezirke aufgeteilt (siehe Gaue), und es werden neue Organisationen etabliert, unter anderem eine, die unter dem patriotischen Namen „Minute Men" alle Opponenten terrorisiert. Sie gemahnen an SA und SS. Auch die politisierte Polizei wird bei Pogromen eingesetzt.

Der Protagonist des Romans, Jessup, wird in ein Konzentrationslager eingesperrt. Es gelingt ihm zu fliehen, sich nach Kanada abzusetzen und sich einer Untergrundbewegung gegen die amerikanische Diktatur anzuschließen. Einige seiner Verwandten werden als Racheakt umgebracht. In Amerika bricht ein Machtkampf um den Führungsposten aus; die Präsidenten wechseln in schneller Reihenfolge. Der letzte Satz des Romans aber ist dem weiterhin, auch noch im kanadischen Exil Verfolgten Doremus Jessup gewidmet. „Und weiter schreitet Doremus in den roten Sonnenaufgang, denn ein Doremus Jessup, der stirbt nie." (S. 433)

Ausgeklammert aus dieser Zusammenfassung habe ich zunächst mein heutiges Thema, die Voraussage eines weiter um sich greifenden Antisemitismus. Dazu frage ich mich, ob Lewis' Dystopie einer Gewaltdiktatur in Amerika auch ohne Hinweis auf eine parallel laufende Judenverfolgung hätte geschrieben werden können? Dazu äußert sich Lewis im Werk selbst. Er befindet, dass der Antisemitismus eine Art Barometer für den brutalen Aufstieg einer tyrannischen Regierung darstellt. (S. 282) Mit der Machtergreifung des Despoten zum Beispiel nehmen auch die Pogrome gegen Juden überhand.

Das Anliegen des Romans ist vielfältig. Zunächst ist es eine Warnung für den amerikanischen Leser jener und ich meine auch der heutigen Zeit. Spezifisch zeigt Sinclair wie ein sich dem Diktator anbiedernder jüdischer Geschäftsmann nach einer gewissen Schonzeit ebenfalls in ein KZ geschickt wird. (S. 16f., S. 121, S. 280)

Ebenso wichtig ist die Warnung an die liberalen Gegner einer Gewaltherrschaft. Sie kommt in einer Mea culpa-Erklärung des Protagonisten zum Ausdruck: „Die Tyrannei dieser Diktatur ist [...] das Werk des Doremus Jessup! All der gewissenhaften, ehrbaren, nachsichtigen Doremus Jessups, die den Demagogen das Tor geöffnet haben, weil sie sich nicht heftig genug

widersetzten. [...] Jetzt haben wir die faschistische Diktatur verschuldet."
(S. 216f.)

Ein zweites offensichtliches Anliegen des Romans ist die Entlarvung des Antisemitismus als Vorwand für ganz andere Zwecke. Der Demagoge Windrip hat keinerlei Bedenken, während seines Wahlkampfs auch jüdische Wähler anzuwerben. Er besucht den „Verein junger jüdischer Männer" (S. 83), trinkt „kalifornischen Weißwein mit den jüdischen Dorfkrämern". Er intendiert eine Eroberung von Mexiko. Man verspürt die wahren Motive, Macht - und Geldgier. Aber er verbirgt diese Absicht. Er erklärt dem Volke die Notwendigkeit eines Kriegszuges mit einer popularisierten Lüge. Man müsse das Land von den „jüdischen Komplotten befreien, die dort angezettelt würden." (S. 170)

Als zweites Buch habe ich ein Werk von Laura Z. Hobson, „Gentleman's Agreement" (1947)[8] ausgewählt, das im Gegensatz zum Roman von Lewis nur ganz am Rande tätliche Angriffe auf Juden erwähnt, zum Beispiel als einem jüdischen Jungen ins Gesicht geschlagen wird, nur weil er eben Jude ist. Aber das ist nicht das Hauptanliegen des Romans. Das ist die gesellschaftliche und/oder die berufliche Brüskierung von jüdischen oder vermeintlich jüdischen Gestalten. Das Wort „vermeintlich" ist der Schlüssel zur Handlung des Romans. Ein höchst erfolgreicher Journalist, Philipp Green, wird von seinem Posten in Kalifornien von dem Besitzer einer prominenten, eher liberalen Zeitschrift angeheuert. Der Besitzer stellt ihm inzwischen seine erste Aufgabe, die Bloßlegung des weiterhin vorherrschenden Antisemitismus. Zunächst meint sich der renommierte Journalist vor eine unmögliche Aufgabe gestellt. Das Thema, glaubt er, ist erschöpft; was er aus Zeitungen noch entnehmen kann, hat keine Zugkraft mehr. Da besinnt er sich auf seine vorausgegangenen Erfolge. Um zum Beispiel die schlechte Bezahlung von Bergwerksarbeitern zu schildern, hat er zeitweise genau eine solche Stellung angenommen. Da er als Privatmensch in New York fast unbekannt ist, steht nichts im Wege, sich in einem anderen Bundesstaat als Jude auszugeben. In Wirklichkeit gehört er einer lang etablierten amerikanischen Familie an, ist als Protestant erzogen worden, obwohl er jetzt Freidenker ist. In glücklicher Ehe war er mit einer Christin verheiratet, hatte mit ihr einen Sohn, Tommy, verlor aber seine Gattin infolge einer Komplikation bei der zweiten Schwangerschaft. Seine Trauer hat er nie überwunden und ist nicht wieder in eine ernsthafte Beziehung eingetreten. Daraus entwickelt sich die Nebenhandlung. Bei einer Party seines Bosses lernt er dessen Nichte, Kathy Lacey, kennen und verliebt sich. Zum Teil beruht seine Zuneigung auf ihrem vorurteilslosen unabhängigen Denken.

Der Großteil des Romans befasst sich mit den Begegnungen und Entdeckungen des als Jude auftretenden Journalisten. Schnell wird klar, dass die Vorurteile tief verwurzelt sind. Die Schwester des Protagonisten zum Beispiel, eine ausgesprochene Nervensäge, benutzt gedankenlos stereotype Ausdrücke wie „to jew someone", um auszudrücken, dass jemand übervorteilt wird. (Ich erinnere mich an Ähnliches aus meiner Kindheit. Eines meiner liebenswertesten Kindermädchen klärte mich einmal auf: „Für das Gewesene gibt der Jude nichts.") Aber Philipp macht schlimmere Erfahrungen. Sie reichen von Herabsetzungen in seinen neugewonnenen Gesellschaftskreisen, Pauschalurteile über jüdische Ärzte (S. 95ff.) und Verleger (S. 254) bis zur kaltblütigen Verweigerung eines Hotelzimmers. Aber seine schlimmste Erfahrung ist eine ungleich persönlichere. Sein elfjähriger Sohn kommt weinend nach Hause. Ein Klassenkamerad und sein Freund haben ihn als „dreckigen Juden" beschimpft (S. 189f.) und ihm gesagt, dass sie so einen nicht als Spielkamerad wollen. Die Entdeckungen, die er dabei macht, sind für ihn zumeist überraschend. Ein jüdischer Kollege, Dohen, (S. 218) verbirgt seine jüdische Abstammung und ein einflussreicher Mitarbeiter der Zeitung, der über Neueinstellungen entscheidet, hat bisher keine Juden eingestellt. Als seine Vorurteile gegenüber Juden offenkundig werden, nimmt man ihm diese Verantwortung ab.

Was der Roman ebenfalls beweisen will, vielleicht als raison d'être, ist, dass ein schöpferisches Werk seine Wirkung entfaltet. Der offensichtlichste Beweis ist die Tatsache, dass die Zeitschrift immer mehr floriert.

Aber dann schält sich ein subtilerer Beweis heraus. Zu des Lesers Überraschung entpuppt sich das Werk als Bildungsroman. Die zwar vorurteilsfreie Protagonistin Kathy hat bei verschiedenen Gelegenheiten innerlich gegen die verblödeten antisemitischen Ansichten ihrer Gesellschaft gewütet, diese Wut aber nie zum Ausdruck gebracht. Sie ist die typische unbeteiligte Beobachterin (im negativen Sinne von „bystander"). Sie hat sogar ihr Verlöbnis mit Philipp aufgelöst, weil sie ihn in seiner Rolle als Jude als kompromisslos und starr auffasst. Aber am Ende wird sie Aktivistin und überlässt ihre in einem von Rassentrennung geprägten (segregated) Stadtteil gelegene Wohnung einem jüdischen Freund von Philipp und seiner Familie ohne Rücksicht auf die Reaktion ihrer Freunde und Nachbarn. Damit endet das Werk jedoch nicht in seiner Bildungsbotschaft. Philipp sieht ein, dass eine so einschneidende Umkehr graduell von sich gehen muss: „He'd been too righteous, too demanding; he'd had too little patience and too thin a capacity to allow for Kathy's confusion and womanish softness under sudden pressure. [...] If he'd given her more time to see it, she'd have stiffened up, too. You don't have to be a sainted character." (Seite 258) („Er hatte sich zu selbstgerecht aufgeführt, um auf Kathys Verwirrung und weibliche Sanftheit unter einem solchen Stress Rücksicht zu nehmen. [...] Hätte er ihr mehr Zeit dafür gegeben, um zur Erkenntnis zu gelangen, hätte auch sie zu einer festen Haltung gefunden. Man braucht ja kein Heiliger zu werden.")

Aber sie setzen kein Beispiel für ihre Gesellschaft.

Jetzt können die beiden Liebenden wieder zueinander finden. Aber sie bleiben darin allein. Die Dystopie wird nicht aufgehoben. Also erwarten Sie, als Leser, kein „Happy End". Von einer gesellschaftlichen Umkehr oder gar Bekehrung kann nicht die Rede sein.

Das dritte Besorgnis erregende Werk ist Philip Roths 2004 veröffentlichter Roman „The Plot Against America" („Verschwörung gegen Amerika").[9] Wie Sinclair Lewis' Erzählwerk ist es eine alternative historische Darstellung. Im Aufbau ähneln sich die beiden Werke. Entgegen aller Erwartungen kommt ein faschistoider Autokrat an die Macht und zerstört die Grundlagen der Demokratie. Allerdings ist bei Roth der Diktator einer historischen Gestalt, nämlich dem berühmten Ozeanflieger Charles Lindbergh, nachgezeichnet – mit all seinen Vorurteilen gegenüber Juden und sogenannten Nichtariern, seiner Egomanie und seiner Sympathie für Hitler-Deutschland.

Im Gegensatz zum Roman von Sinclair Lewis, der die Wirkung jener verbalen Verfolgung auf verschiedene Bevölkerungsgruppen widerspiegelt, beschränkt sich der Großteil von Roths Roman auf jüdische Gruppen – die völlig assimiliert – sich mit einer langsam fortschreitenden Diskriminierung befassen müssen. Denn fast gleichzeitig mit seiner Aufstellung als republikanischer Präsidentschaftskandidat und seinem Wahlkampf gegen den amtierenden demokratischen Präsidenten Franklin Delano Roosevelt lässt er sein politisches Programm frühzeitig durchblicken. Innenpolitisch verlegt er sich auf eine Beschränkung der Einwanderung, besonders durch die Bevorzugung der „nordischen Rasse". Außenpolitisch geht er einen Pakt mit dem von ihm bewunderten Hitler ein. Er überlässt ihm freie Hand in Europa. Seine Devise lautet: „Wählt Lindbergh oder wählt den Krieg." (1. Kapitel, S. 7) Er führt einen erfolgreichen Wahlkampf, indem er seinen seit langem bestehenden Ruf als Nationalheld geschickt ausnutzt. Und gestützt auf seine eigene Partei „America First" und seinen von ihm aufgestellten Gesinnungsgenossen, Senator Burton K. Wheeler als Vizepräsident, gewinnt er überzeugend gegen Roosevelt.

Der Roman gewinnt Gestalt, indem Philip Roth, identisch mit dem Erzähler, uns Dutzende von Beispielen liefert, wie Antisemitismus zur Waffe eines potentiellen Diktators wird und wie sich diese Volksverführung auf die jüdische Bevölkerung auswirkt. Bei der Verfolgung der ersten Intention zeigt sich Roth als beschlagener Experte für propagandistische Methoden. Zunächst umreißt er das Bild einer Nation, die für diese Art von Demagogie anfällig ist. Der Vater der Familie Roth verfügt nur über ein geringes Einkommen; die Familie fühlt sich aber in ihrem jüdischen Umfeld geborgen. Ein Angebot zur finanziellen Verbesserung schlägt er aus, da dieses einen Umzug in eine Umgebung erfordern würde, wo der Antisemitismus blüht. (S. 16) Dem siebenjährigen Philip fällt bei Durchsicht seiner Briefmarkensammlung auf, dass noch nie ein Jude in Amerika durch eine Sondermarke geehrt wurde.[10] (S. 31)

Als Lindbergh sich entschließt, sich als Präsidentschaftskandidat aufstellen zu lassen, baut er aus innerer Überzeugung auf diesem antisemitischen Boden auf. Er hält Reden, in denen er einer kriegsmüden amerikanischen Bevölkerung suggeriert, dass die Juden aus Eigeninteresse Amerika in den Krieg treiben wollen und dass sie durch ihren Einfluss auf die Medien, die Filmindustrie und die Regierung die größte Gefahr für Amerika darstellen. (S. 20) Kurz gesagt: „Die Juden sind unser Unglück."

Als seine Rede einen Sturm der Entrüstung von liberaler Seite hervorruft, umgibt er sich mit Deckmäntelchen. Er rekrutiert einen wortgewaltigen Rabbiner als jüdischen Vorzeige-Parteigänger (S. 43), später sogar den jüngeren Sohn des Ehepaars Roth. (S. 96, S. 125) Und er selbst, der Bewunderer von Adolf Hitler, bagatellisiert die in Deutschland vorherrschende Diskriminierung und Gewalttätigkeit gegen die jüdischen Bürger. Schließlich unterlässt er jede antisemitische Bemerkung bei der Vorwahl. Die jüdische Bevölkerung legt dies – wohl zu Recht – als einen Trick aus.

Nach der Wahl setzt Lindbergh sein antisemitisches Programm in die Tat um. Er umgibt sich mit Antisemiten. Zu seinem bereits gewählten Juden hassenden Vizepräsidenten Burton K. Wheeler gesellen sich der nicht minder fanatische Henry Ford als Innenminister, faschistische Organisationen wie die „America First"-Partei, die „Silver Shirts", der „Ku-Klux-Klan" sowie die Anhänger des antisemitischen Radiopredigers Father Coughlin. Außenpolitisch knüpft Lindbergh ein enges Bündnis mit dem Hitlerstaat. Der deutsche Außenminister Ribbentrop wird als Ehrengast im Weißen Haus empfangen. Das abschreckende Vorbild des Hitlerstaates ist klar erkennbar.

Zunächst Diskriminierung: Der Familie Roth wird unter einem neuen Besitzer die Unterkunft in einem Hotel verweigert. (S. 78ff.) Es folgt eine Einschränkung der Meinungsfreiheit: „Slowly but surely, there's nobody in America willing to speak out against Lindbergh's kissing Hitler's behind," („Langsam, aber sicher ist kein Mensch mehr in Amerika bereit, offen zu sagen, daß Lindbergh Hitler in den Hintern kriecht"), sagt der Vater des Erzählers über einen besonders die jüdische Bevölkerung empörenden Aspekt der Lindberghschen Außenpolitik. (S. 114)

Es folgt die Ermordung von Walter Winchell, dem jüdischen Journalisten, der es noch wagt, gegen die Ungerechtigkeit der Regierung Position zu beziehen. (S. 298) Die weiteren Schritte sind vorhersehbar. Pogrome gegen Juden (S. 290), Anzünden der Synagogen (S. 291), eine Wiederholung der deutschen „Kristallnacht". Erst nach dem mysteriösen Verschwinden von Lindbergh kommt es zu einer langsamen Normalisierung.

Die Strukturierung des Romans erlaubt es dem Schriftsteller Roth, mit der Verbreitung des Antisemitismus gleichzeitig die Gegenreaktion der jüdischen Bevölkerung und der Familie Roth darzustellen. Was die Juden nach der Nominierung von Lindbergh empfinden, „to be abruptly thrust back into the miserable struggle from which they had believed their families extricated by the providential migration of the generation before." („[…] mit einem Schlag wieder in den elenden Kampf geworfen, von dem sie ihre Familien durch die vom Schicksal glücklich gefügte Auswanderung der Generationen davor endgültig befreit glaubten.") (S. 24)

Was die Familie Roth angeht, so wird jedes einzelne Mitglied von ihrer oder seiner speziellen Befürchtung ergriffen. Der Vater des Protagonisten ist, wie viele seiner Nachbarn, überzeugt, dass Lindbergh wie Hitler nach seiner Welteroberung in Amerika eine neue faschistische Ordnung einführen wird (S. 24) und dass er seine Familie nicht mehr beschützen kann. (S. 230) Seine Frau hat Angst, dass nach der kommenden Kongress-Wahl keine Möglichkeit zur Flucht verbleibt (S. 218). Philip hat zunächst die noch kindliche Angst, dass seine geliebten amerikanischen Briefmarken bald mit einem Hakenkreuz überdruckt werden. Dann aber erkennt er, dass sein Bruder und er sich entfremden werden, denn Bruder Sandy bedient sich plötzlich der Sprache der Feinde in seiner Anrede an die eigene Familie. Er beschimpft sie als „ihr Juden" und als „Ghetto-Juden". (S. 213, 248ff.) Phil wird von seinen Sorgen überwältigt: „Bett – als ob das Bett als warmer, trostspendender Ort und nicht als Brutstätte der Angst überhaupt noch existierte." (S. 383)

Zusammenfassend lässt Roth seine Leser wissen, dass die Furcht der jüdischen Bevölkerung eines der Leitmotive seines Romans bilden soll. Der erste Satz des Romans lautet: „Fear presides over these memories." („Angst beherrscht diese Erinnerungen, eine ständige Angst.") (S. 7) Und das letzte Kapitel trägt den Titel „Perpetual Fear" ("Ständig in Angst"). (S. 357ff.)

Als Fazit meiner hier vorgetragenen Analyse der drei Romane stelle ich fest, dass alle drei uns eine recht pessimistische Prophezeiung hinterlassen: „Der Antisemitismus nimmt zu." Die Frage, die dadurch aufgeworfen wird, ist die folgende: „Ist die vorausgesagte Dystopie schon Wirklichkeit geworden?"

Die lange Jahre zuvor anhaltende Tendenz einer Verminderung des Antisemitismus lässt jedoch die Hoffnung aufkommen, dass eine Umkehr immer noch möglich ist. Und ich meine, dass diese Konferenz in Laupheim, die alle zur tatkräftigen Beihilfe zur Drachentötung auffordert, so wie ähnliche Zusammenkünfte in Amerika, ein Fanal besserer Zeiten darstellt.

Aber die Statistiken gemahnen zur Wachsamkeit. Ein im Februar 2018 von der Anti-Defamation League veranstaltetes Audit über antisemitische Vorfälle konstatiert einen Anstieg von 57 Prozent gegenüber dem Vorjahr. Zurückzuführen sei dieser Anstieg, so mutmaßte der CEO der Organisation, Jonathan A. Greenberg, auf die vorherrschende politische Spaltung in Amerika, die wachsende Aggression extremistischer Organisationen und die Verbreitung von Hass-Nachrichten in den Sozialen Netzwerken.[11]

Sowohl eine solche Eruierung und die oben angeführten Dystopien dürften als benötigte Warnungen ihre Geltung haben. Aber in vergangenen Zeiten fühlten sich oft die zeitgenössischen Dichter berufen, nicht nur zu warnen, sondern durch Dramen oder Lehrstücke der kritisierten Gesellschaft eine bessere Welt vor Augen zu führen, die nicht zeigen wie die Welt ist, sondern wie sie sein könnte.

Ein Beispiel aus dem 18. Jahrhundert, Gotthold Ephraim Lessings Nathan der Weise, ist für die heutige Konferenz besonders relevant. Die Jahrhunderte hindurch hat es in kritischen Zeiten auf Bühnen – und nicht nur auf deutschsprachigen – diesem Zweck gedient. Auch heutzutage. So wird es zum Beispiel von dem bekannten Regietheater in Stratford, Ontario, 2019 aufgeführt werden.

Was das Stück zeigt, ist, wie die Vertreter der drei Weltreligionen zu der Einsicht gelangen, dass trotz Verschiedenheit von Herkunft und Religion alle Menschen verbrüdert sind. Zwar führt Nathan keine Utopie vor – wir hören auch von einem furchtbaren Pogrom gegen die Söhne des Titelhelden und von einem Komplott gegen ihn selbst: der Jude soll verbrannt werden. Aber Vernunft und Menschlichkeit sind letztendlich stärker als die Intoleranz. Lessing führt uns ein globales Beispiel vor Augen.

Meines Erachtens wäre es an der Zeit, dass ein ähnlich eindringliches und universell gültiges Drama von einem zeitgenössischem Dichter geboten wird. Zwar gibt es schon jetzt Werke, die für Altruismus und Toleranz plädieren, aber man ist bescheidener geworden. Es sind einzelne Personen, die innerhalb eines kleinen Rahmens positive Veränderungen herbeiführen. Eine heilbringende Verbesserung der gesamten menschlichen Gesellschaft steht noch aus. Kurz gesagt: Ein Nathan für unsere Zeit könnte einiges bewirken. Schon einmal war in der Literaturkritik der Wunsch zu hören: „Ein Mann wie Lessing täte uns not!" Das sagte Goethe 1825 in einer Unterhaltung mit Johann Peter Eckermann. Ich meine, ein solches Drama für unsere Zeit würde Gehör finden. Mit dieser Meinung stehe ich nicht allein. So argumentiert Volker Weidemann im Spiegel vom November 2018: „Ich glaube, uns fehlt heute das erzählerische, zukunftsweisende, mitreißende, einigende, das literarische Moment in der Politik. Eine Erzählung der Zukunft, die über den jeweils nächsten Tag, die nächste Wahl hinausweist."[12] Für mich sind ein weiterer Anlass zur Hoffnung die Solidaritätsgottesdienste überall in den USA nach der Ermordung von Juden in der Tree of Life Synagogue in Pittsburgh, Pennsylvania, am 27. Oktober 2018. Das Bemerkenswerte dabei war, dass den Aufrufen zu diesen Gottesdiensten auch zahlreiche Angehörige anderer Glaubensgemeinschaften gefolgt sind. Diese Veranstaltungen erweckten ein überwältigendes Gefühl von Verbrüderung, das ich in meiner eigenen Synagoge erleben durfte.

MARC GRIMM, BIELEFELD

ANTISEMITISMUS UND
PRO-ISRAELISMUS IN DER AFD

Gleichwohl die AfD seit 2015 vor allem die Themen Flucht und Islam bedient, bedeutet dies nicht, dass der Antisemitismus als zentrales Element rechter Ideologie damit obsolet geworden ist. Es blieb abzuwarten, wie die noch junge Partei auf antisemitische Vorfälle in den eigenen Reihen reagieren würde. Der vorliegende Beitrag wird zeigen, dass das Verhältnis der AfD zum Antisemitismus mittlerweile geklärt ist. Der Beitrag setzt dreimal an, um die thematischen Schwerpunkte des Antisemitismus innerhalb der AfD zu beleuchten und die besondere Qualität des Antisemitismus in der Partei zu bestimmen. Zuerst wird der antisemitische Gehalt der von der AfD kolportierten Gesellschaftsbilder untersucht. Danach wird die von der AfD forcierte Vergangenheitspolitik in den Blick genommen, die vor allem von Erinnerungs- und Schuldabwehr geprägt ist. Zuletzt werde ich die positiven Bezugnahmen auf Israel und Judentum und die Gründung der Vereinigung Juden in der AfD (JAfD) in die Betrachtung einbeziehen. Zudem erfährt der Fall Wolfgang Gedeon besondere Berücksichtigung, weil er für den symptomatischen Unwillen der Partei stehen kann, mit dem Antisemitismus innerhalb der Partei ins Gericht zu gehen.

Die vorliegenden sozial- und politikwissenschaftlichen Studien zur AfD kommen mehrheitlich zu dem Schluss, dass die Entwicklung der AfD sich als zunehmende Radikalisierung der Partei charakterisieren lässt. Diese Entwicklung begann bereits früh, mit den Erfolgen der Partei bei den Landtagswahlen 2014 in den ostdeutschen Bundesländern Sachsen, Thüringen und Brandenburg, in denen die Landesverbände zwar in ökonomischen Fragen der Parteilinie folgten, gesellschaftspolitisch jedoch auf Kulturkampf setzten und eine Rücknahme gesellschaftlicher Liberalisierungsmaßnahmen und Anti-Diskriminierungspolitiken forderten.[1] Aus dem Stand gelangen der AfD damit Wahlerfolge (9,7, 10,6 und 12,2 Prozent), die heute insofern beachtenswert sind, als sie anzeigen, dass die innerparteiliche Durchsetzung des rechten Parteiflügels und die Erfolge der AfD insgesamt nicht nur als Reaktion auf die Flüchtlingspolitik der Bundesrepublik ab 2015 gedeutet werden können. Mit der Gründung des Parteiflügels Der Flügel und der Erfurter Resolution vom März 2015 bündelte der völkisch-nationalistische Flügel seine Kräfte und leitete die Neuausrichtung der AfD ein, die im Austritt des national-liberalen Flügels um Bernd Lucke ihren ersten Höhepunkt fand. In der Erfurter Resolution wird die AfD nicht als Partei im parlamentarischen Sinne verstanden, sondern „als Bewegung unseres Volkes gegen die Gesellschaftsexperimente der letzten Jahrzehnte (Gender Mainstreaming, Multikulturalismus, Erziehungsbeliebigkeit usw.), als Widerstandsbewegung gegen die weitere Aushöhlung der Souveränität und der Identität Deutschlands, als Partei, die den Mut zur Wahrheit und zum wirklich freien Wort besitzt".[2] Damit sind der Ton und die Marschrichtung der AfD nach rechts für die folgenden Jahre vorgezeichnet. Nachdem die AfD im Frühjahr 2015 auf ein Umfragetief von 4 Prozent fiel, erlaubte ihr die Flüchtlingspolitik der Bundesregierung sich aufgrund der ganz offenkundig im Wahlvolk vorhandenen Nachfrage nach einer Fundamentalopposition gegen eben jene Politik, die (schon damals obsolete) Fokussierung auf Euro und Griechenlandhilfen komplett über Bord zu werfen und die Agitation auf die Abwehr und die Abwertung von Flüchtlingen, insbesondere muslimischen Flüchtlingen, zu fokussieren.

Dass das Thema Antisemitismus in der kritischen Auseinandersetzung mit der AfD lange Zeit eine nur untergeordnete F .... pielte, ist angesichts dessen jedoch nicht verständlich. Denn mitnichten bedeutet die Fokussierung der AfD auf die Themen Flucht und Islam, dass der Antisemitismus als zentrales Element rechter Ideologie damit obsolet geworden ist.[3] Es blieb abzuwarten, wie die junge Partei auf antisemitische Vorfälle in den eigenen Reihen reagieren würde.[4] Dass Parteien gesellschaftliche Verhältnisse abbilden und in Parteien AntisemitInnen Mitglieder sind, kann angesichts der vorliegenden Umfrageergebnisse zur Verbreitung von antisemitischen Einstellungen in der deutschen Gesellschaft nicht verwundern. Parteien sind jedoch nicht nur Abbilder gesellschaftlicher Verhältnisse, sondern sie sind auch deren Faktor. Und daher ist von zentraler Bedeutung, wie Parteien mit dem Antisemitismus ihrer Mitglieder umgehen: Wird Antisemitismus auch innerhalb der Partei als Problem erkannt, wird er von Amtsinhabern innerhalb der Partei verurteilt und müssen Mitglieder gegebenenfalls mit Konsequenzen rechnen? Hinzu kommt die Frage, inwiefern Parteimitglieder mit den von ihnen praktizierten Politiken und Forderungen (im Internet, in Reden, in programmatischen Schriften), aber auch in Form von im Internet geteilten Memes, GiFs und Karikaturen Antisemitismus fördern. Zuletzt ist zu untersuchen, wie der von einigen Mitgliedern der AfD forcierte positive Bezug auf Israel und das Judentum zu deuten ist, scheint dieser doch in offenem Widerspruch zum Antisemitismus in der Partei zu stehen.

Der vorliegende Beitrag wird zeigen, dass das Verhältnis der AfD zum Antisemitismus mittlerweile deutlich zutage liegt und die positiven Bezugnahmen auf Judentum und Israel sich in dieses Bild einfügen lassen. Der vorliegende Aufsatz setzt dreimal an, um die thematischen Schwerpunkte des Antisemitismus innerhalb der AfD zu beleuchten und die besondere Qualität des Antisemitismus in der Partei zu bestimmen. Zuerst werde ich auf den antisemitischen Gehalt der von der AfD kolportierten Gesellschaftsbilder eingehen. Danach werde ich die von der AfD forcierte Vergangenheitspolitik in den Blick nehmen, die vor allem von Erinnerungs- und Schuldabwehr geprägt ist. Zuletzt werden die positiven Bezugnahmen auf Israel und Judentum in die Betrachtung mit einbezogen. Ich stelle der analytischen Untersuchung dieser Themenfelder den Fall Wolfgang Gedeon voran, weil dieser ein Fall von Antisemitismus in der AfD, aber keine Einzelfall ist. Vielmehr lässt sich an ihm der symptomatische Unwille der AfD aufzeigen, mit dem Antisemitismus in den eigenen Reihen ins Gericht zu gehen.

Die Causa Gedeon

Im Sommer 2016 spaltete sich die damals vom AfD-Bundesvorsitzenden Jörg Meuthen geführte Fraktion im Streit über den Umgang mit dem Abgeordneten Wolfgang Gedeon, als dessen antisemitische Schriften in den Fokus der Öffentlichkeit gelangten. Zunächst sah Meuthen in den gegen Gedeon erhobenen Vorwürfen den Versuch des politischen Gegners, der AfD mit Hilfe einer „Antisemitismuskeule" schaden zu wollen.[5]

Als Meuthen sich dann offenkundig ein Bild von Gedeons Schriften gemacht hatte, kam er zur Einschätzung, dass sie antisemitisch sind und er machte seinen Verbleib in der AfD-Fraktion von einem Fraktionsausschluss Gedeons abhängig. Die Fraktion verweigerte ihm die Gefolgschaft und so kam es zu dem für die Geschichte der Bundesrepublik einmaligen Vorgang, dass nahezu die Hälfte der Abgeordneten einer Landtagsfraktion (zehn von dreiundzwanzig) die Spaltung ihrer Fraktion bewusst in Kauf nahm, weil keine Einigkeit bestand, sich von einem offen antisemitisch agitierenden Kollegen zu trennen. Gleichwohl Meuthen und Gauland Gedeons Schriften als antisemitisch bewerteten, setzte sich die damalige Co-Parteivorsitzende Frauke Petry mit dem Vorschlag durch, Gutachten in dieser Frage einzuholen. Die AfD wollte selbst kein Urteil über den offenen Antisemitismus Gedeons fällen, sondern den Urteilsspruch externalisieren, um sich selbst nicht weiter mit dem Fall auseinander setzen zu müssen. Offenbar bestand die Sorge, dass ein eindeutiges Agieren zur innerparteilichen Belastungsprobe werden könne. Der Politikwissenschaftler Samuel Salzborn fragt treffend, wo denn Antisemitismus beginne, wenn die AfD noch nicht einmal den Antisemitismus von Gedeon als solchen erkennt – etwa erst beim Massenmord?[6]

Nach diversen kleinen Skandalen und einem langen hin und her kam es im Oktober 2016 zur Wiedervereinigung beider AfD-Fraktionen und es wäre zu erwarten gewesen, dass die Partei sich bei diesem Anlass öffentlich zum Thema Antisemitismus positioniert. Der Fall war an sich eine Steilvorlage: Die AfD hätte Gedeon zuerst aus der Fraktion, dann nach Möglichkeit aus der Partei ausschließen können. Wenigstens aber hätte sie sich medienwirksam von ihm distanzieren können. Damit hätte die Partei sich klar zum Antisemitismus positioniert. Dies hätte ihr als Ausweis dafür dienen können, eine Partei der Mitte zu sein. Zugleich wäre ein solches Vorgehen als Signal an die Basis verstanden worden, ihre vorhandenen antisemitischen Ansichten nicht zu kommunizieren. Der politische Gewinn wäre für die AfD enorm, die Kosten hingegen gering gewesen. Die AfD wählte diesen Weg nicht. Das lässt tief blicken. Denn stattdessen tat die AfD-Landtagsfraktion in Baden-Württemberg kund, dass die Spaltung „in keiner Weise mit Antisemitismus in Verbindung zu bringen ist", sondern begründet sei „im Protest gegen eine gefühlte Einschränkung der Meinungsfreiheit".[7] Nicht Gedeons Antisemitismus, sondern dessen Kritik werden damit delegitimiert. Man fühlt sich unweigerlich an das Wort von Josef Joffe, dem Mitherausgeber von Die Zeit, erinnert, der meinte, „[e]s ist heute schlimmer, jemanden einen Antisemiten zu nennen, als einer zu sein."[8] Dass die AfD-Landtagsfraktion sich von Gedeon nicht distanzierte, nicht distanzieren wollte, zeigen auch die Plenarprotokolle der Landtagssitzungen. Sie verzeichnen Applaus und unterstützende Zurufe der AfD-Landtagsabgeordneten für Redebeiträge Gedeons, auch von Parlamentariern, die mit Meuthen zuvor die Fraktion verlassen hatten.[9] Im November 2017 änderte die AfD-Landtagsfraktion ihre Geschäftsordnung, damit auch Gäste in AfD-Arbeitskreisen mitwirken können. Mutmaßlich, wie ein aus der Partei ausgeschiedenes Mitglied berichtet, um Wolfgang Gedeon als Mitglied der Europa-Arbeitsgruppe aufnehmen zu können.[10] Im Dezember 2017 folgte das Urteil des AfD-Schiedsgerichts, das darüber zu entscheiden hatte, ob Gedeon aus der Partei ausgeschlossen wird. Das Ergebnis: Gedeon dürfe in der Partei bleiben, der Antrag auf Parteiausschluss wäre formal fehlerhaft gewesen. Zudem wurde der Nicht-Ausschluss auch inhaltlich begründet. Das Schiedsgericht urteilte, dass Gedeons Aussagen und Schriften keinen „extremistischen, fremdenfeindlichen und judenfeindlichen Charakter hätten" und es sich bei den Anwürfen gegen Gedeon um „bloße Behauptungen" handeln würde.[11] Bernd Gögel, der im Dezember 2017 Jörg Meuthen als Landesfraktionsvorsitzenden ablöste, hat die Frage, ob Gedeon Antisemit sei, dann auch mit einer Antwort gekontert, die erkennen lässt, welchen Stellenwert die AfD der Auseinandersetzung mit dem Antisemitismus einräumt und wie sicher man sich in der AfD ist, in dieser Frage nichts verlieren zu haben. Gögel meinte, er könne nicht beurteilen, ob Gedeon Antisemit sei, weil er dessen Bücher nicht gelesen habe.[12] Man darf hier einen Moment inne halten und fragen: Was heißt es, wenn der Landesfraktionsvorsitzende einer Partei auf den Antisemitismus eines Landtagsabgeordneten angesprochen wird und darauf antwortet: Er habe sich damit nicht beschäftigt und wolle dazu keine Aussage machen. Aus Gögels Worten spricht das zur Schau getragene Desinteresse an der Auseinandersetzung mit Antisemitismus in den eigenen Reihen. Der Fall Gedeon ist ein Ausweis für den Unwillen der AfD, auch offen und direkt kommunizierten Antisemitismus als solchen zu benennen und daraus Konsequenzen zu ziehen.

Warum dieser Unwille bei der AfD so stark ausgeprägt ist, wird erklärbar, wenn die von ihr kolportierten Gesellschaftsbilder und Geschichtsbilder nun im nächsten Abschnitt in die Analyse einbezogen werden.

Bipolare Gesellschaftsbilder

Neben dem etwa von Wolfgang Gedeon offen formulierten Antisemitismus, gilt es den Blick dafür zu schärfen, wie die AfD „mit ihrer Ideologie und ihren politischen Positionierungen eine antisemitische Sicht auf die Welt befördert."[13] Die Frage stellt sich nicht nur hinsichtlich der AfD, sondern hinsichtlich aller Weltanschauungen und politischen Überzeugungen und sie lässt sich noch einmal in zwei Aspekte aufgliedern: Was macht Antisemitismus für Menschen als Denkmuster überhaupt attraktiv oder anders formuliert: Welchen sozialpsychologischen Gewinn ziehen Antisemiten aus ihren Überzeugungen? Zudem stellt sich die Frage, inwiefern Denkfiguren, Metaphern und Bilder von Gesellschaft im kollektiven Bildgedächtnis antisemitisch konnotiert sind und damit Antisemitismus evozieren. Einmal sind hier antisemitische Codes zu nennen, die etwa mit der Rede von der

„Macht der US-amerikanischen Ostküste" das Bild des reichen, einfluss-reichen Juden bedienen, ohne explizit über JüdInnen zu sprechen. Hinsicht-lich der AfD ist die Analyse allerdings etwas komplizierter, weil es sich bei den in Frage stehenden Metaphern und Bildern nicht um Codes handelt, die gezielt das antisemitische Latenzgebot umgehen wollen und eine Form der Insiderkommunikation darstellen, wie es für die rechtsextreme Szene typisch ist. Vielmehr sind die von AfD-Vertretern transportierten Gesell-schaftsbilder historisch mit antisemitischen Topoi verbunden. Denn die von der AfD „mobilisierten Vorurteile und Stereotype stehen nicht unverbunden nebeneinander. Sie werden vielmehr integriert durch eine Weltsicht, die die Schuld für die verschiedenen bekämpften Phänomene auf das Wirken kon-kreter Akteure und Akteursgruppen reduziert".[14] Diesen Akteursgruppen – sei es die Bundesregierung, ihre Sicherheitsbehörden, Politikern der soge-nannten Altparteien, politisch Andersgesinnten, die als Gutmenschen dif-famiert werden, den wahlweise entweder als System- oder Lügenpresse denunzierten Medien - wird ein Verrat am deutschen Volk und deutschen Interessen unterstellt. Dieses konspirative Ziel des bewussten Verrates am deutschen Volk ist der Kristallisationspunkt diverser rechtspopulistischer, auch in der AfD populärer Gegenerzählungen.[15] Zwei Beispiele sollen verdeutlichen, wie Alexander Gauland und Björn Höcke antisemitische Chiffren verwenden, ohne dass dabei explizit von Juden die Rede ist.

Alexander Gauland hat in einem viel diskutierten Gastbeitrag in der Frankfurter Allgemeinen Zeitung „Warum muss es Populismus sein?"[16] das Bild einer „globalen" bzw. „globalistischen Klasse" gezeichnet, die „in den international agierenden Unternehmen, in Organisationen wie der UN, in den Medien, Start-ups, Universitäten, NGOs, Stiftungen, in den Parteien und ihren Apparaten [sitzt], und weil sie die Informationen kontrolliert, gibt sie kulturell und politisch den Takt vor." Gaulands Hauptkritikpunkt ist, „dass die Bindung dieser neuen Elite an ihr jeweiliges Heimatland schwach ist. In einer abgehobenen Parallelgesellschaft fühlen sie sich als Weltbürger. Der Regen, der in ihren Heimatländern fällt, macht sie nicht nass."[17] Bodo Kahmann hat überzeugend argumentiert, dass es Gauland hier vor allem um die Schärfung und Bestätigung von Feindbildern geht, die die politische Rechte schon zu Zeiten der Weimarer Republik pflegte.

„Gauland tradiert", so Kahmann, „mit seiner [...] Behauptung der Existenz einer urbanen, globalen und ergo heimatlosen Kulturelite die These von einem Zusammenhang zwischen Urbanität und Wurzellosigkeit. Selbstverständlich werden mit dieser Gleichsetzung auch die dazugehörigen antisemitischen Konnotationen mitgeliefert."[18] Seit dem Kaiserreich, so Kahmann, stehe im völkischen Denken das antisemitische Bild des Juden für Wurzellosigkeit und Urbanität.[19] Gauland verbreitet Motive und Bilder „die historisch betrachtet vom Antisemitismus nicht zu trennen sind".[20] Die These einer global agierenden Elite ist empirisch nicht nachzuweisen, wie die Studien des Elitenforschers Michael Hartmann belegen und wird von diesem zu den populären Mythen gezählt.[21] Auffällig ist in diesem Zusammenhang, dass Rechtspopulisten sich darin gefallen, vermeintlich unbequeme Wahrheiten auszusprechen. Sieht man sich diese vermeintlichen Wahrheiten einmal genauer an, handelt es sich bei ihnen um Stereotype und einfache Erklärungsschemata. Die Frage sozialer Ungleichheit wird in der AfD und im Rechtspopulismus im weiteren Sinn entweder als Konflikt zwischen Deutschen und Migranten oder zwischen Elite und Mittelschicht gelesen. Beachtenswert ist, dass diese Bilder auf fruchtbaren Boden fallen, obgleich Deutschland politisch und ökonomisch gestärkt aus der Weltfinanzkrise von 2007 hervorgegangen ist. Deutschland konnte sich über günstige Kredite der Europäischen Zentralbank sanieren, durch die gefallenen Zinssätze sparte der Fiskus nach Auskunft des Instituts für Wirtschaftsforschung in Halle ca. 100 Milliarden Euro[22] und auch der Exportüberschuss wuchs 2013 gegenüber dem Vorjahr.[23] Der Trend hält an. 2018 fiel die Arbeitslosenquote unter 5 Prozent und damit auf den niedrigsten Stand seit der deutschen Wiedervereinigung. Auch politisch betrachtet steht das zweite Jahrzehnt des neuen Jahrtausends für die Durchsetzung Deutschlands als maßgebliche europäische Hegemonialmacht. Die ökonomische Entwicklung alleine ist demnach kein hinreichender Faktor, um die Zunahme von Ressentiments und die Attraktivität komplexitätsreduzierender und geschichtlich zum Antisemitismus neigender Vorstellungen von Gesellschaft zu erklären.

Ein weiteres Beispiel für ein Gesellschaftsbild, das Antisemitismus evoziert, ohne dass explizit die Rede von JüdInnen oder dem Judentum ist, offenbart ein Redebeitrag von Björn Höcke auf einer Kundgebung in Gera 2015: „Ich will keine Verschwörungstheorien nähren, aber an mancher Verschwörungstheorie ist doch ein Kern an Wahrheit zu finden. Und ich habe so die dumpfe Vermutung, dass die Flüchtlingsströme, die jetzt in unser Land und nach Europa geleitet werden, dass diese Flüchtlingsströme vielleicht doch als Migrationswaffe eingesetzt werden, um etwas zu erreichen, was die Destabilisierung Europas genannt werden kann, liebe Freunde. Und welche Rolle Frau Merkel dabei spielt, die bis zum heutigen Tage behauptet, dass das Asylrecht keine Obergrenze kennen darf, das kann nur vermutet werden. Es gibt aber in meinen Augen eigentlich nur zwei Möglichkeiten: Die erste Möglichkeit ist: Frau Merkel hat ihren Verstand verloren. Und die zweite Möglichkeit ist: Das ist so unglaublich, wenn es so wäre, aber es ist tatsächlich eine realistische Möglichkeit in meinen Augen. Die zweite Möglichkeit ist, dass sie in einem großen, großen geopolitischen Plan eingeweiht ist und diesen Plan willentlich durchführt."[24]

In Höcke Erzählung ist die deutsche Kanzlerin in einen Plan eingeweiht, der Plan ist also nicht von ihr selbst, sondern sie hat im Dunkeln verbleibende Einflüsterer an ihrer Seite. Die Menschen, die im Verborgenen agieren und im Hintergrund die Fäden ziehen und große geopolitische Pläne haben, wollen Europa destabilisieren. Auch bei dieser Metapher gibt es einen Bestand an kulturell tradierten Bildern, die bei den Rezipienten antisemitische Bilder abrufen. So wie die große Mehrheit der Deutschen weiß, von welchem Tier Rotkäppchen gefressen wurde, und hier unmittelbar ein Bild vor Augen hat, so wenig beliebig sind die Bilder jener Menschen, die von der Erzählung aufgerufen werden, es gäbe dunkle, einflussreiche Kräfte, die im Verborgenen agieren. Die im Hintergrund Agierenden müssen erst gar nicht benannt werden. Es wird verstanden, wer hier gemeint ist. So absurd die von Höcke kolportierte Erzählung ist, so wirkmächtig ist sie. Die These, es gäbe einen von bestimmten westlichen Regierungen und Drahtziehern forcierten Plan, die Bevölkerungen durch MigrantInnen zu ersetzen, ist innerhalb des deutschen Rechtspopulismus und der (Führungsriege der) AfD weit verbreitet und wird beispielsweise auch von Alexander Gauland vertreten.[25] In der Auseinandersetzung mit der AfD ist dieses Narrativ bisher nicht angemessen berücksichtigt worden, obwohl sich an ihm das Weltbild der AfD kristallisiert. Damit die These eines Austausches wenigstens in sich schlüssig ist, muss angenommen werden, dass es ein völkisch-homogenes Volk gibt, das dann durch eine fremde Gruppe ausgetauscht werden soll. Erst auf Grundlage eines völkisch definierten Volkes kann Zuwanderung in einen Austausch uminterpretiert werden. Die Vorstellung eines Bevölkerungsaustausches ist demnach wesentlich rassistisch. Zudem ist die These irrational. Migration ist ein altes Phänomen, Migrationsbewegungen lassen sich durch das Zusammenspiel einer Reihe von Faktoren erklären. Höcke hingegen greift für die Erklärung von Migration nicht auf die offenkundigen Faktoren, wie Krieg, Armut und die Aussicht auf ein besseres Leben zurück, sondern erklärt diese über eine Absicht (Bevölkerungsaustausch), die einer im Verborgenen agierenden Gruppe unterstellt wird.

Da die parlamentarische Demokratie auf das Aushandeln verschiedener Interessen angelegt ist, ist der rationale Dialog für sie unabdingbar. Verschwörungstheoretische Verklärung von Sachverhalten, wie die These eines Bevölkerungsaustausches hingegen, sind irrational und verunmöglichen den für parlamentarische Demokratie konstitutiven rationalen Dialog. Im Kontext der Vorstellung eines Bevölkerungsaustausches werden von führenden AfD-Politikern Bilder bemüht, die nach völkischem Verständnis Blutsdeutsche zu Opfern einer Vertreibungspolitik macht, die von verborgenen Mächten forciert und von der Bundesregierung ausgeführt wird. Es ist nur unschwer zu erkennen, dass es sich hier um eine Schuldprojektion handelt, die mit den erinnerungspolitischen Zielvorstellungen der AfD – einer Viktimisierung der Deutschen und einer Abwertung der Erinnerung an den Holocaust – korrespondiert.

Die Behauptung, dass es einen großen Bevölkerungsaustauch in den westlichen Ländern geben soll und die Bevölkerungen von Migranten ersetzt werden und damit die westliche Kultur ausgelöscht werden soll, gehört jedoch nicht nur zu den einflussreichsten Erzählungen des Rechtspopulismus in Deutschland, sondern europaweit und in den USA. Sie ist eng mit der gegen George Soros gerichteten Kampagne verknüpft, die den US-amerikanischen Investor und Unterstützer von Bürgerrechtsbewegungen ungarisch-jüdischer Herkunft als Urheber dieses Planes identifiziert.[26]

Beim Aufmarsch von Mitgliedern der Alt Right in Charlottesville im August 2017 skandierten die Teilnehmer den Slogan: „Jews will not replace us"[27] (Juden werden uns nicht ersetzen). Der Slogan lässt zwei Interpretationen zu, gemeint war: Juden werden uns nicht durch Migranten ersetzen. Mit dem Massaker an elf Juden in der Tree of Life-Synagoge in Pittsburgh rückte der Slogan nochmals in das Licht der Öffentlichkeit. Dem Attentäter war die Erzählung des von Juden initiierten Bevölkerungsaustausches zugleich Motivation und Legitimation seiner Tat. Seinem Selbstverständnis nach, ermordete er Juden, um zu verhindern, dass diese die (weiße, nichtjüdische) amerikanische Bevölkerung durch Migranten ersetzen.

Die von Alexander Gauland und Björn Höcke für die Deutung gesellschaftlicher Verhältnisse angebotenen Bilder weisen Gemeinsamkeiten auf. Es handelt sich bei ihnen um triviale Deutungsmuster. Beide Erzählungen bieten keine irgendwie adäquate Beschreibung der gesellschaftlichen Realität. Relevant ist dabei nicht, ob der Autor des vorliegenden Beitrages mit den aus den Deutungen gezogenen politischen Antworten einverstanden ist. Bedeutsam ist, dass die simplifizierenden Deutungen so angelegt sind, dass gesellschaftliche Verhältnisse nicht als langwieriger und vielfacher vermittelter Aushandlungsprozess verstanden, sondern personalisiert und vermeintliche Fehlentwicklungen einer entwurzelten Kulturelite (Gauland) oder den im Verborgenen agierenden geopolitischen Verschwörern (Höcke) angelastet werden. Es lohnt hier die von Vertretern der Frankfurter Schule formulierte Kritik am Antisemitismus, insbesondere die darin enthaltenen sozialpsychologischen Aspekte in die Betrachtung einzubeziehen.

Theodor W. Adorno und seine Mitautoren haben in den Studien zum Autoritären Charakter Stereotypie und Personalisierung als Komplementärideologien beschrieben. Die Stereotypie, so das Argument, verunmögliche Erfahrung, weil jeder Blick auf die Realität nur bestätige, was vorab schon in die Welt projiziert werde.[28] Die Wirklichkeit verschließt sich dem Subjekt und die Welt der Stereotypen wird zum selbstreferentiellen System. Komplementär dazu steht die Personalisierung. „Die Personalisierung [flüchtet] vor der wirklichen Abstraktheit, [...] vor der ‚Verdinglichung' einer gesellschaftlichen Realität, die durch Eigentumsverhältnisse bestimmt ist, und in der die Menschen gleichsam bloße Anhängsel sind".[29] Stereotypie und Personalisierung sind widerstrebende und zugleich sich ergänzende Formen verkehrter Wahrnehmung. Sie stiften Ordnung im Chaos und Beruhigung inmitten einer Welt, die als zunehmend unübersichtlich, kalt und unpersönlich wahrgenommen wird. Im Verschwörungsdenken des Rechtspopulismus und Bildern, wie sie von Gauland und Höcke evoziert werden, wird die Unübersichtlichkeit und Abstraktheit personalisiert. Wie oben bereits beschrieben, sind die Gruppen und Individuen, die als mächtig, abgehoben, entwurzelt, volksfern und im Hintergrund agierend beschrieben werden, nicht beliebig, sondern aufs Engste mit Bildern jüdischer Macht und Einfluss verbunden. Die Politikwissenschaftler Gideon Botsch und Christoph Kopke argumentieren, solche verschwörungstheoretischen Bilder finden sich im Internet „zum großen Teil in Nähe zu antisemitischen Inhalten, sind entweder in sie eingebettet, oder unmittelbar mit ihnen verlinkt."[30] Personalisierende Verständnisse von Gesellschaft sind häufig mit Antisemitismus verbunden, weil mit dem Juden ein jahrhundertealtes, im kollektiven Bild- und Geschichtsgedächtnis Europas vorhandenes Bild abrufbar ist, das hoch stereotypisiert ist und die widersprüchlichsten Projektionen zu vereinen mag.

Vergangenheitspolitik zwischen Erinnerungsabwehr und Schuldverschiebung

Sechs Jahre nach der Gründung der AfD lässt sich resümieren, dass sie als einzige der im Bundestag vertretenen Parteien den erinnerungspolitischen Konsens ablehnt, der der Erinnerung an den kollektiven Mord am europäischen Judentum eine zentrale Rolle einräumt. Bereits 2014 wurde im Landtagswahlprogramm der AfD in Sachsen eine „Aufwertung und Umgewichtung des Geschichtsunterrichts" gefordert, die den Schülern ein positives Identifikationsgefühl mit der deutschen Nation vermitteln solle.[31] Ähnlich wurde im Wahlprogramm für die Landtagswahl in Sachsen-Anhalt eine Abkehr von der „einseitigen Konzentration" auf „die Unglücksjahre unsere Geschichte" gefordert.[32] Diese Position wurde im Mai 2016 von der Bundespartei übernommen. Im AfD-Grundsatzprogramm heißt es im Kapitel

„Kultur, Sprache und Identität": „Die aktuelle Verengung der deutschen Erinnerungskultur auf die Zeit des Nationalsozialismus ist zugunsten einer erweiterten Geschichtsbetrachtung aufzubrechen, die auch die positiven, identitätsstiftenden Aspekte deutscher Geschichte mit umfasst."[33]

Mit diesen Forderungen nach einer Abkehr von der etablierten Erinnerungskultur erhalten politische Positionen Geltung, die mit der unter der Regierung Schröder etablierten Erinnerungskultur aus dem öffentlichen Raum verdrängt wurden. Die Ermordung der europäischen Jüdinnen und Juden durch die Deutschen schien den positiven Bezug auf die eigene Nation lange Zeit zu verunmöglichen. Beginnend mit der Rede von Bundespräsident Richard von Weizsäcker 1985 zum 40. Jahrestag des Endes des Zweiten Weltkrieges bekamen Stolz und Verantwortung einen neuen Frame. Der Nationalstolz der Deutschen sollte auf der erfolgreichen Aufarbeitung der Vergangenheit beruhen. Dieses Erinnerungsnarrativ ist attraktiv, weil der Massenmord dem Nationalstolz nun nicht mehr im Weg steht, vielmehr bildet die erfolgreiche Aufarbeitung des Massenmordes die Grundlage des Nationalstolzes. Nationalstolz und Erinnerung bilden demnach etwa seit der Jahrtausendwende keinen Widerspruch mehr. Die von der AfD erhobenen Forderungen sind insofern gegenstandslos. Die Behauptung, dass keiner anderen Ereignisse gedacht werde als dem Holocaust, ist eine Legende. Das offenbart sich sowohl an den Feiertagen (Volkstrauertag) wie auch an den mehreren Hundert Denkmälern in deutschen Städten und Dörfern, die der Trümmerfrauen, den Geflüchteten aus den Ostgebieten sowie den deutschen Gefallenen in beiden Weltkriegen gedenken. Für die Erinnerungsabwehr aber ist es charakteristisch, dass sie wahrheitswidrig behauptet, es werde bzw. dürfe keiner anderen Ereignisse als des Holocaust gedacht werden. Erinnerungsabwehr wird deshalb auch als sekundärer Antisemitismus bezeichnet. Denn im Rahmen der Erinnerungsabwehr scheinen die Juden den positiven Bezug auf die deutsche Nation zu verhindern. Sie werden zum Objekt des Hasses, weil sie lebende Erinnerungen an den Holocaust sind oder ihnen vorgeworfen wird, die Erinnerung an den Holocaust zu bewahren, um die Deutschen klein zu halten und daraus Kapital zu schlagen.

Die AfD forciert eine erinnerungspolitische Wende, die es wieder ermöglichen soll, „stolz zu sein auf Leistungen deutscher Soldaten in zwei Weltkriegen"[34], wie Alexander Gauland dies formuliert hat. Die Erinnerung an den Holocaust ist dann ein Störfaktor. Im Anschluss an die Forderung, dass Deutschland eine erinnerungspolitische 180-Grad-Wende benötige, formuliert Björn Höcke, es bedürfe einer Erinnerungskultur, „die uns vor allen Dingen und zuallererst mit den großartigen Leistungen der Altvorderen in Berührung bringt."[35] Höcke behauptet, es sei die alliierte Politik im Zweiten Weltkrieg gewesen, „uns mit Stumpf und Stiel zu vernichten, man wollte unsere Wurzeln roden. Und zusammen mit der dann nach 1945 begonnenen systematischen Umerziehung hat man das auch fast geschafft."[36] Es handelt sich hier um eine Form der Opfer-Täter-Umkehr, in der die Deutschen zu den Opfern einer auf Vernichtung zielenden Politik werden. Die Vergangenheitsbewältigung, so Höcke mit Bezug auf Franz Josef Strauß, „lähmt ein Volk".[37] Dass dieses erinnerungspolitische Narrativ von großen Teilen der Partei getragen wird, zeigt die Positionierung der AfD zum internationalen Holocaustgedenktag. Während alle im Bundestag vertretenen Parteien am 27. Januar 2017 des Ereignisses gedacht haben, verhielt sich die AfD nicht zu diesem Erinnerungstag.[38] Daher mag auf den ersten Blick überraschen, dass eine Reihe von AfD-Abgeordneten zum Gedenkakt für Claus Schenk Graf von Stauffenberg auf Facebook postete. Monika Hübscher zeigt in ihrer ausführlichen Analyse, dass die dort geposteten Videos und Memes sich zu einem Narrativ verdichten. So insinuiere Beatrix von Storch in einem Video, dass die AfD gegen die deutsche Bundesregierung Widerstand leiste, wie Stauffenberg gegen das diktatorisches Regime des Nationalsozialismus.[39] Zentral ist dabei, dass von Storch in ihrer Erzählung keinen Bezug auf andere Widerstandsbewegungen nimmt, selbst der Bezug zu den Opfern des Nationalsozialismus fehlt gänzlich.[40] Von Storch löst Stauffenberg aus dem Nationalsozialismus heraus und bettet ihn ein in die „Geschichte der deutschen Freiheitstradition".[41] Nicht Auschwitz und die NS-Rassenideologie sind ihre Bezugspunkte, sondern „die liberale Revolution von 1848, der Arbeiteraufstand in der DDR von 1953 und die freiheitlich Revolution von 1989".[42] Besonders konnotiert von Storch, dass die Widerständler einen „Aufstand des Gewissens" gewagt hätten, um dann die Lehren für die heutige Zeit aufzuzeigen: „Niemals wieder dürfen wir blind einer politischen Führung folgen und den Staat über unser Gewissen stellen."[43] Die Thematisierung des deutschen Widerstandes um Stauffenberg dient dazu, implizit den Nationalsozialismus und die Bundesrepublik gleichzusetzen und die AfD in die Tradition der deutschen Freiheitsbewegung einzureihen. Dieser Vergleich ist abwegig. Das muss hier nicht weiter ausgeführt werden. Beachtenswert ist, dass selbst die Person Stauffenberg aus dem Kontext des Zweiten Weltkrieges herausgelöst wird. Damit werden auch die Bezüge zu anderen Widerstandgruppen und dem Holocaust aus dem Narrativ gestrichen. Stattdessen werden deutsche Helden (Stauffenberg) und die unter der „nationalsozialistischen Gewaltherrschaft"[44] leidende deutsche Bevölkerung in den Blick genommen.

Während die AfD sich zum Holocaustgedenktag 2017 nicht verhalten hat, schlugen die Ereignisse um diesen europaweiten Gedenktag 2019 hohe Wellen. Währen einer Rede von Charlotte Knobloch im bayerischen Landtag verließ die Fraktion der AfD fast geschlossen den Plenarsaal, als Knobloch ausführte, dass die AfD für Hass und Ausgrenzung und „nicht auf dem Boden unserer demokratischen Verfassung"[45] stehe. Dieses Vorkommnis kann vor dem Hintergrund der oben genannten erinnerungspolitischen und politischen Forderungen der AfD nicht überraschen. Allerdings zeigen die Reaktionen aus der AfD, dass die Partei neben den revisionistischen Positionen nun auch bemüht ist, sich als Partei zu präsentieren, die angemessen erinnert. Der parlamentarische Geschäftsführer der AfD im Thüringer Landtag, Stefan Möller, verlautbarte: „Wir haben über die Jahre gezeigt, dass uns ein aufrichtiges und nicht politisch instrumentalisierendes Gedenken an die Opfer des Nationalsozialismus ein wichtiges Anliegen ist".[46] Als Stichwortgeber für den Vorwurf der Instrumentalisierung der Erinnerung an Knobloch und die etablierten Parteien diente die Vereinigung der Juden in der AfD (JAfD). Die JAfD kritisierte Knobloch für ihre Rede im bayerischen Landtag stark: „Die gesamte Bundesvereinigung ist zutiefst erschüttert über das enorm skrupellose Verhalten der Charlotte Knobloch, die, und lasst es mich ganz direkt sagen, !! Auf den unzähligen Gräbern der toten Juden im Namen der heutigen Mainstream Agenda herumtrampelt!! […] Gleichzeitig haben Sie (gemeint ist Charlotte Knobloch, M.G.) die Politik der islamischen, islamistischen und islamofaschistischen Einwanderung durch die Regierungsparteien DIREKT unterstützt [...]".[47] Das Statement der JAfD wurde von Parlamentariern der AfD im Internet geteilt und als Ausweis für die Angemessenheit der Reaktion der Mitglieder der bayerischen Landtagsfraktion gewertet. Es bleibt abzuwarten, ob sich Schlagabtausche dieser Art und Abfolge etablieren werden, in der zuerst die JAfD den Vorwurf der Instrumentalisierung der Erinnerung an die Adresse der etablierten jüdischen Verbände und der anderen Parteien formuliert und die AfD dann unter diesem Schutzschild agiert. Derzeit lässt sich festhalten, dass in der Auseinandersetzung um Knoblochs Rede im bayerischen Landtag die Grenze wieder ein Stück verschoben wurde: Ein Blick in die vor allem auf Facebook ausgetragene Auseinandersetzung zeigt, dass hier nun Position gegen eine Repräsentantin der jüdischen Gemeinschaft in Deutschland mit einer Häme, Vehemenz und Sprache bezogen wird, die anzeigt, dass Ressentiments gegen Juden zunehmend direkt und ohne Umwege kommuniziert werden. Seit der Rede im bayerischen Landtag, so Knobloch auf Nachfrage der Augsburger Allgemeinen, „erreichen mich beinahe im Minutentakt wüste Beschimpfungen, Drohungen und Beleidigungen per E-Mail und Telefon."[48]

Die Auseinandersetzungen mit und um die AfD haben den politischen Diskurs verändert, nicht nur was den Ton, sondern auch was legitime Ziele und Mittel von Politik angeht. Sie macht die politische Forderung nach einem ethnisch homogenen Volk gesellschaftsfähig, in der die Erinnerung an den Holocaust zu Gunsten des Stolzes auf das Handeln deutscher Soldaten in zwei Weltkriegen zurückgedrängt wird und die Deutschen zu Opfern Hitlers erklärt werden.[49] Dass diese Forderungen nicht nur in der deutschen Gesellschaft vorhandene Ressentiments befeuern, sondern auch den Einsatz von Gewalt als legitimes Mittel in der politischen Auseinandersetzung denkbar machen, zeigen vorliegende Umfragen. Unter Befragten mit rechtspopulistischer Orientierung erfährt die Billigung und Bereitschaft zu Gewalt als Form der politischen Auseinandersetzung eine deutlich stärkere Zustimmung als im gesellschaftlichen Durchschnitt.[50] Diese Form der Selbstermächtigung harmoniert mit den im Rechtspopulismus kolportierten Widerstandserzählungen, die nicht zuletzt auch das staatliche Gewaltmonopol in Frage stellen. Auch die Zustimmung zu rechtsextremen Aussagen ist bei Sympathisanten der AfD deutlich ausgeprägter. So wird im Rahmen der Studie "Gespaltene Mitte – Feindselige Zustände" von 2016 die Zustimmung zur Dimension „Befürwortung einer rechtsgerichteten Diktatur" unter anderem über die Zustimmung zu folgender Aussage bestimmt: „Im nationalen Interesse ist unter bestimmten Umständen eine Diktatur die bessere Staatsform". Bei selbsterklärten SPD-Wählern lag die Zustimmung zu dieser Dimension bei 1,4 Prozent, bei Anhängern der CDU/CSU bei 2,6 Prozent, bei Anhänger der AfD hingegen bei 20,8 Prozent.[51] „Eine Gruppe", so Andreas Zick, „falle in der Studie besonders auf. Unter den Befragten, die mit der AfD sympathisieren, finden fremdenfeindliche, muslimfeindliche und antiziganistische Vorurteile sowie abwertende Meinungen gegenüber Asylsuchenden, Flüchtlingen und Arbeitslosen mehrheitlich Zustimmung; über 50% derer, die AfD wählen würden, teilen menschenfeindliche und rechtsextreme Meinungen, über 80% neurechte Einstellungen."[52] Auch für AntisemitInnen ist die Partei attraktiv. Die Ergebnisse einer von der Frankfurter Allgemeinen Zeitung in Auftrag gegebenen Umfrage des Allensbach Instituts zeigen, „dass die Urteile über Juden bei den Anhängern der AfD deutlich negativer ausfallen als bei den Anhängern aller anderen Parteien."[53] Bei der Aussage „Juden haben auf der Welt zu viel Einfluss" schwankt der Wert zwischen 16 Prozent (SPD-Anhänger) und 20 Prozent (Anhänger von Die Linke). „Lediglich die Anhänger der AfD fielen vollkommen aus dem Rahmen. 55 Prozent von ihnen meinten, Juden hätten auf der Welt zu viel Einfluss. Hier trennt ein tiefer Graben die Anhänger der AfD von denen der anderen Parteien."[54]

Auch angesichts dieses Einstellungspotentials ihrer Klientel ist es nur konsequent, wenn die AfD danach trachtet, in ihrer parlamentarischen Arbeit die bereits diskursiv vorbereiteten Politiken umzusetzen. Im Januar 2017 brachte die damals noch von Jörg Meuthen geführte Fraktion im Baden-Württembergischen Landtag im Haushaltsausschuss den Antrag ein, der NS-Gedenkstätte Gurs in Frankreich die Gelder zu streichen – als jenem Lager, in das Juden u.a. aus Baden deportiert wurden. Zudem forderte die AfD, dass Jugendliche nicht mehr länger die Fahrten zu Gedenkstätten finanziert bekommen, sondern lieber Fahrten „zu bedeutsamen Stätten der deutschen Geschichte" unternehmen sollten.[55]

Hinsichtlich der Erinnerungspolitik der AfD ist festzuhalten, dass die beschriebenen Ideologiefragmente der Abwehr der Erinnerung an den Nationalsozialismus, der Idealisierung der Taten deutscher Soldaten in zwei Weltkriegen, die Imaginierung der Deutschen als erstes Opfer Hitlers, sich zu einem erinnerungspolitischen, rechtsradikalen Mindset verdichten. Dessen längerfristige Ziele sind eine Wende in der öffentlichen Erinnerungskultur und eine Korrektur schulischer Curricula.

Instrumentelle Israelsolidarität und positive Vereinnahmung des Judentums in der AfD

Vor dem Hintergrund der von der AfD kolportierten, antisemitisch konnotierten Geschichtsbilder und der von ihr programmatisch vertretenen Forderung nach einer Wende in der Erinnerungskultur müssen die von führenden Vertretern der AfD vorgebrachten positiven Bezüge auf das Judentum und Israel verwundern. Vermutlich auf Anraten der Freiheitlichen Partei Österreichs hatten die damalige Ko-Parteivorsitzende Frauke Petry und ihr Ehemann Marcus Pretzell damit begonnen, sich in Interviews gegen Antisemitismus und Antizionismus und für Israel zu positionieren.[56] In einem längeren Interview mit Frauke Petry mit dem YouTube-Magazin Jung und Naiv wird deutlich, in welchen Kontext diese positive Bezugnahme eingebettet ist: „Und gerade im Feld der Sicherheitspolitik hat Israel gezeigt, dass es trotz massiver Anfeindungen aus der islamischen Welt, seit Jahrzehnten schafft, diesen Staat aufrecht zu erhalten. Und das geht nur mit einer wehrhaften Demokratie. Von der redet man ja in Deutschland auch ganz gern, öffnet dann aber die Grenzen, man könne sich vorstellen, was passiert, wenn Israel keine Grenzkontrollen mehr vornehme: Das Land wäre innerhalb von Wochen am Ende."[57]

Der Bezug auf Israel ist rein instrumentell. Die realitätsferne Parallelisierung der deutschen und israelischen Sicherheitslage hat den einen Zweck: Durch den positiven Bezug auf den jüdischen Staat, Petrys migrationsfeindliche Position zu legitimieren und gegen Kritik zu immunisieren. Und auch der Stolz auf Land und Volk werden im Umweg über Israel legitimiert. Im einem Interview für das israelische Fernsehen beklagt Petry 2016, „dass man generell in Israel weniger Probleme damit hat, sich zu seinem eigenen Land und zu seinem eigenen Volk zu bekennen – das ist das größte Problem Deutschlands".[58]

So instrumentell wie der Bezug auf den jüdischen Staat ist auch die Kritik am Antisemitismus unter Muslimen. Zum 70. Jahrestag der Gründung Israel formulierte Alexander Gauland in seiner Rede im Bundestag im April 2018: „Das heißt für uns aber auch, dass die Existenzsicherung Israels am Brandenburger Tor beginnt. Wer den Davidstern verbrennt und Kippa-Träger angreift, hat das Gastrecht in diesem Lande missbraucht und damit eben auch verwirkt. Antisemitismus darf nicht zum Kollateralschaden einer falschen Flüchtlings- und Einwanderungspolitik werden".[59]

Im Kontext der fehlenden kritischen Auseinandersetzung mit Antisemitismus innerhalb der AfD zeigt sich bei Gauland, dass die Kritik am Antisemitismus sich ausschließlich auf Antisemitismus unter Muslimen richtet. Dieser dient der AfD primär zur moralischen Begründung einer migrationsfeindlichen und nationalistischen Politik. Am deutlichsten hat Marcus Pretzell, ehemaliger AfD-Fraktionsvorsitzender in NRW und Mitglied des Europäischen Parlaments, den Zusammenhang von Migrationsfeindschaft, Pro-Israelismus und Anti-Antisemitismus ausgesprochen. Pretzells vielzitierter Satz aus einer Rede im Januar 2017 in Koblenz lautet: „Israel ist unsere Zukunft in der Form, wie man mit dem Islam umgeht."[60] Der Satz wurde von einigen Beobachtern als Bekenntnis zu Israel verstanden. Gleichwohl zeigt der Satz recht deutlich, dass Israel hier abermals instrumentalisiert und überhaupt nur erwähnt wird, um eine Politik der harten Hand gegenüber Muslimen zu legitimieren. Pretzells Israelbild ist projektiv und irreführend. Er zeichnet „ein verzerrtes Bild von der Stellung der muslimischen Minderheit und dem Umgang mit dem Islam in der israelischen Gesellschaft."[61] So gibt es in Israel etwa eigene Schulen und Curricula für die muslimische Minderheit im Land, in denen die Schüler auf Arabisch unterrichtet werden. Diesen Umgang Israels mit Muslimen hatte Pretzell sicher nicht im Sinn, weil kulturell-religiöse Autonomiestrukturen dieser Art mit dem Ideal einer ethnisch homogenen Volksgemeinschaft und der dieser nach- und untergeordneten Minderheiten nicht zu vereinbaren ist.

Pretzells Bild von Israel bewegt sich in der Nähe des Israelbildes von antiimperialistischen Linken, die Israel für einen rassistischen Staat halten – mit dem Unterschied, dass Pretzell Israel für den vermeintlich harten Umgang mit dem Islam feiert.

Für die AfD sind positive Bezugnahmen auf Israel und das Judentum mit der Hoffnung verbunden, die eigene politische Positionierung gegen Kritik zu immunisieren. Zudem soll dies als glaubhafte Distanzierung nach rechts dienen und die Partei für Wähler in der politischen Mitte wählbar machen. Diese politische Option ist mit den Parteiaustritten von Petry und Pretzell hinfällig geworden, wird jedoch auch nicht mehr benötigt. Das funktionale Äquivalent des Pro-Israelismus, wie Petry und Pretzell ihn vertreten haben, ist die Vereinigung Juden in der AfD (JAfD), die im Oktober 2018 gegründet wurde. Die Gründung der JAfD erfuhr starken Widerspruch von über 40 jüdischen Vereinigungen[62], vom Zentralrat der Juden in Deutschland, über die Orthodoxe Rabbinerkonferenz bis hin zum Jüdischen Frauenbund. Die Erklärung mit dem Titel „AfD – keine Alternative für Juden!" ist in einem für solche Erklärungen äußerst scharfen Ton formuliert: „Die AfD ist eine Partei, in der Judenhass und die Relativierung bis zur Leugnung der Schoa ein Zuhause haben. Die AfD ist antidemokratisch, menschenverachtend und in weiten Teilen rechtsradikal. Allein der Blick auf die Ereignisse in Chemnitz sollte ausreichen, um zu erkennen, wes Geistes Kind die AfD ist. Dort marschierten Repräsentanten der AfD Seite an Seite mit Neonazis, Hooligans und Pegida-Anhängern. Sie scheuten sich nicht, mit Menschen, die den Hitlergruß zeigten, auf die Straße zu gehen. Aus diesem Klima des Hasses und des völkischen Denkens heraus wurde ein jüdisches Restaurant in Chemnitz angegriffen. […] Die AfD radikalisiert sich zunehmend und schreckt nicht davor zurück, Geschichte umzuschreiben. Gauland nennt Hitler und die Nazis einen ‚Vogelschiss' in der Geschichte. Gleichzeitig ist Gauland aber „stolz auf die Leistungen deutscher Soldaten in zwei Weltkriegen. […] Die AfD agitiert unumwunden gegen Muslime und andere Minderheiten in Deutschland. Dabei versucht die AfD, ‚die' Muslime als Feinde der westlichen Welt oder ‚der' Juden darzustellen. Muslime sind nicht die Feinde der Juden! Die Feinde aller

Demokraten in diesem Land sind Extremisten, egal ob aus rechtsextremer, linksradikaler oder radikalmuslimischer Gesinnung heraus. Wir lassen uns von der AfD nicht instrumentalisieren. [...] [D]ie AfD ist eine rassistische und antisemitische Partei!"[63]

Fast zeitgleich mit der Gründung der JAfD veröffentlichte der Spiegel ein Interview mit Charlotte Knobloch, in dem sie den Aufstieg von AfD und NSDAP parallelisierte. Sie meinte, die AfD müsse als „Nazipartei" bezeichnet werden und deren Programm ließe sich mit den Worten „Juden raus" zusammenfassen.[64] Daraufhin bezichtigte Jörg Meuthen Knobloch der hate speech gegen die AfD und verwies darauf, der Slogan „Hamas, Hamas, Juden ins Gas" sei kein Sprechchor auf einem AfD-Parteitag war, sondern sei auf den Straßen Berlins zu hören.

„Juden rein wäre wohl zutreffender", so Meuthen, "und zwar in unsere Bürgerpartei. Gerade erst am Wochenende gründete sich zu meiner Freude die Interessensgemeinschaft ‚Juden in der AfD'; möge dies ein kraftvolles Signal sein für viele weitere Mitbürger jüdischen Glaubens, in unsere Partei einzutreten. Denn immer mehr Juden in Deutschland erkennen, woher ihnen wirklich Gefahr droht: Mitnichten aus den Reihen unserer freiheitlich-konservativen und zugleich patriotischen Alternative zu Merkels Alternativlosigkeit. Nein, die Gefahr droht ihnen gerade durch Merkels vermeintlich alternativlose Politik der unbegrenzten muslimischen Masseneinwanderung. [...] Frau Knobloch, damit sind WIR diejenigen, die kompromisslos für die Freiheit auch unserer jüdischen Mitbürger und deren Schutz vor importiertem, muslimischem Antisemitismus eintreten. Das Judentum gehört zu Deutschland, der Islam nicht."[65]

Während die Gesamtpartei und die Parteispitze der AfD ausschließlich den importierten Antisemitismus medienwirksam thematisiert, nimmt die JAfD den Antisemitismus innerhalb der Partei zur Kenntnis. Wolfgang Fuhl, Mitbegründer der JAfD und ehemaliges Mitglied des Direktoriums des Zentralrats der Juden, sagt im Interview: „Natürlich. Es gibt Antisemitismus in der Gesellschaft, und es gibt ihn auch in der AfD, es gibt ihn in jeder anderen Partei auch."[66] Auf die Frage, welche Sorgen die Juden in Deutschland umtreiben, formuliert Fuhl: „Die größte Sorge ist zur Zeit der von Merkel importierte Antisemitismus. Alle ermordeten Juden in Europa in diesem Jahrtausend [...] wurden von Muslimen ermordet, dies ist eine prägende, negative Erfahrung, die sich in das kollektive jüdische Gedächtnis genauso einbrennt wie der Holocaust."

Fuhls Argumente fügen sich in die Narrative der AfD. Die Kritik am Antisemitismus unter muslimischen Migranten soll den Ausweis erbringen, dass die AfD die einzige Partei ist, die sich dem importierten Antisemitismus entgegenstellt. Fraglos ist, dass der Antisemitismus unter Muslimen ein drängendes Problem ist und diverse empirische Studien belegen, dass der Antisemitismus unter Muslimen ausgeprägter ist als unter Vergleichsgruppen.[67] Die Kritik am Antisemitismus unter Muslimen steht jedoch in offenem Widerspruch zum Ausbleiben der Kritik am Antisemitismus innerhalb der AfD. Wie Gideon Botsch und Christoph Kopke treffend formulieren, wird „Antisemitismus als Problem thematisiert, das durch Zuwanderung entsteht – und damit in seinen Ursachen und Erscheinungsformen externalisiert".[68]

Schluss

Die geschichts- und gesellschaftspolitischen Positionen, der Pro-Israelismus und die antisemitismuskritischen Positionen in der AfD stehen weniger in Widerspruch zueinander, als dies auf den ersten Blick scheinen mag. Die Geschichtspolitik der Partei zielt auf eine Abwertung der Erinnerung an den Holocaust und damit auch der Opfer des Holocaust. Zugleich ist eine Aufwertung der Taten deutscher Soldaten in zwei Weltkriegen beabsichtigt, die notwendig mit einer Ausblendung der antisemitischen Vernichtungsideologie des Nationalsozialismus einhergehen. In gleicher Weise kommen auch die positiven Bezüge auf Israel ohne Referenz auf den Holocaust aus. Stattdessen dient Israel als Projektionsfläche, dem die von der AfD forcierten politischen Absichten zugeschrieben werden (u.a. Umgang mit dem Islam). Der Antisemitismus, der in der Stellungnahmen zur Erinnerungspolitik und Israel keine zentrale Rolle spielt, wird ausschließlich in einer muslimischen Ausprägung thematisiert und auf Muslime abgeschoben, als dessen „Lösung" unmittelbar die migrationsfeindliche Politik der Partei ausgegeben wird. Topoi wie der Bevölkerungsaustausch spielen innerhalb der AfD eine zentrale Rolle und sind geprägt von völkischen Vorstellungen und Verschwörungstheorien die historisch nicht von Antisemitismus zu trennen sind und die, wie die Untersuchung zeigt, auch aktuell die Partei für Antisemiten attraktiv machen.

Ich danke Bodo Kahmann (Berlin) und Monika Hübscher (Haifa) für wichtige Hinweise und Anmerkungen.

ANHANG

ANMERKUNGEN
LITERATUR
AUTOREN
ORTS- UND PERSONENREGISTER
BILDNACHWEIS

ANMERKUNGEN

Monika Schwarz-Friesel, Berlin
Antisemitismus 2.0 – alter Hass in neuer Form

1 Glöckner, Olaf/Jikeli, Günther (Hg.): Das neue Unbehagen. Antisemitismus in Europa heute, Hildesheim 2019.

2 Siehe hierzu in Kurzform die Ergebnisse der DFG-Studie, die vier Jahre lang Hunderttausende von Web-Texten untersucht hat: https://www.linguistik.tu-berlin.de/fileadmin/fg72/Antisemitismus_2-0_kurz.pdf
Eine ausführliche Buchversion erscheint im Frühjahr 2019 bei Hentrich & Hentrich als „Judenhass im Internet".

3 Schwarz-Friesel, Monika/Friesel, Evyatar/Reinharz, Jehuda (Hg.): Aktueller Antisemitismus in Deutschland. Ein Phänomen der Mitte, Berlin/New York 2010.

4 Schwarz-Friesel, Monika (Hg.): Gebildeter Antisemitismus. Eine Herausforderung für Politik und Zivilgesellschaft, Baden-Baden 2015.

5 Alle hier im Text angeführten Beispiele sind authentisch und stammen aus großen natürlichen Korpora: Zum einen aus einer Datenmenge von über 300.000 Web-Texten, zum anderen aus über 20.000 E-Mails, die in den letzten 10 Jahren an den Zentralrat der Juden in Deutschland und die Israelische Botschaft in Berlin gesendet wurden.

6 Siehe hierzu: Trachtenberg, Joshua: The Devil and the Jews. The Medieval Conception of the Jews and its Relation to Modern Antisemitism, New Haven 1943, der ausführlich erklärt hat, wie Juden und Judentum im Mittelalter dämonisiert und als „Satansbrut" entwertet wurden.

7 Texte aus sozialen Medien in den Jahren 2012-2018.

8 „...von den Juden. Diese haben sogar Jesus, den Herrn, und die Propheten getötet; auch uns haben sie verfolgt. Sie missfallen Gott und sind Feinde aller Menschen" (Paulus, 1 Thess 2,15).

9   Voltaire [1761] 1878: S. 435, zitiert nach: Hentges, Gudrun: Schattenseiten der Auf-
     klärung. Die Darstellung von Juden und „Wilden" in philosophischen Schriften des
     18. und 19. Jahrhunderts, Schwalbach 1999, S. 45.

10   Siehe hierzu auch: Nirenberg, David: Anti-Judaism. The Western Tradition, New York
     2013; Laqueur, Walter: The Chancing Faces of Antisemitism, Oxford 2006; Wistrich,
     Robert S.: Antisemitism: The longest hatred, London 1992; Schwarz-Friesel,
     Monika/Reinharz, Jehuda: Die Sprache der Judenfeindschaft im 21. Jahrhundert,
     Berlin/New York 2013 (Taschenbuchausgabe 2017).

11   Siehe Schwarz-Friesel, Monika: Antisemitismus 2.0. TU Berlin (2018).
     (https://www.linguistik.tu-berlin.de/menue/antisemitismus_2_0/); Schwarz-Friesel,
     Monika: Judenhass im Internet, Berlin/Leipzig 2019.

12   Ich bevorzuge den Terminus Verschwörungsphantasie und nicht Verschwörungstheo-
     rie, da das Nomen Theorie diesen surrealen Glaubensmodellen den Anschein von
     Seriösität geben könnte. Siehe hierzu auch kritisch Pfahl-Traughber, der von Ver-
     schwörungsideologien spricht. Pfahl-Traughber, Armin: „Bausteine" einer Theorie
     über „Verschwörungstheorien". Definitionen, Erscheinungsformen, Funktionen und
     Ursachen, in: Reinalter, Helmut (Hg.): Verschwörungstheorien. Theorie, Geschichte,
     Wirkung, Innsbruck 2002, S. 30-44.

13   Siehe Simon, Marcel: Versus Israel. A Study of the Relations between Christians and
     Jews in the Roman Empire AD 135-425, Oxford 1996.

14   Horkheimer, Max/Adorno Theodor W.: Dialektik der Aufklärung, Frankfurt am Main
     1971, S. 151.

15   Schwarz-Friesel, Monika (Hg.): Gebildeter Antisemitismus. Eine Herausforderung für
     Politik und Zivilgesellschaft.

16   Siehe Schwarz-Friesel, Monika/Reinharz, Jehuda: Die Sprache der Judenfeindschaft
     im 21. Jahrhundert; Schwarz-Friesel, Monika: Antisemitische Hass-Metaphorik. Die
     emotionale Dimension aktueller Judenfeindschaft, in: Interventionen – Zeitschrift für
     Verantwortungspädagogik 6 (2015a), S. 38-44; Schwarz-Friesel, Monika: Rechts,
     links oder Mitte? Zur semantischen, formalen und argumentativen Homogenität aktu-
     eller Verbal-Antisemitismen, in: Rauschenberger, Katharina/Konitzer, Werner (Hg.):
     Antisemitismus und andere Feindseligkeiten. Interaktionen von Ressentiments, Frank-
     furt am Main/New York 2015b, S. 175-192.

17   Sie hierzu Schwarz-Friesel, Monika: Antisemitismus 2.0. TU Berlin (2018).

18   Schwarz-Friesel, Monika/Reinharz, Jehuda: Die Sprache der Judenfeindschaft.

19   Leon Poliakov: Harvest of Hate, London 1956. S. 309-10.

20   Feder, Gottfried: Das Programm der N.S.D.A.P. und seine weltanschaulichen Grund-
     gedanken, München 1927, S. 17.

21   Siehe hierzu kritisch auch den renommierten Holocaustforscher Jehuda Bauer: Re-
     thinking the Holocaust, New Haven 2001 (auf Deutsch: Die dunkle Seite der Ge-
     schichte, Frankfurt am Main 2001).

22 Siehe hierzu ausführlich Schwarz-Friesel, Monika: Antisemitische Hass-Metaphorik. Die emotionale Dimension aktueller Judenfeindschaft, in: Interventionen – Zeitschrift für Verantwortungspädagogik 6 (2015a), S. 38-44; Schwarz-Friesel, Monika: Rechts, links oder Mitte? Zur semantischen, formalen und argumentativen Homogenität aktueller Verbal-Antisemitismen; Schwarz-Friesel, Monika (Hg.): Gebildeter Antisemitismus; Schwarz-Friesel, Monika: Aktueller Antisemitismus. Bundeszentrale für politische Bildung, 2015e. (http://www.bpb.de/politik/extremismus/antisemitismus/ 211516/aktueller-antisemitismus); Schwarz-Friesel, Monika: Judenhass im Internet.
23 Schwarz-Friesel, Monika/Reinharz, Jehuda: Die Sprache der Judenfeindschaft.

Wolfram Kastner, München
Sehstörung, Verdrängung und die Unfähigkeit zu
angemessener Lösung

1 Shahar, Isaiah: The Judensau. A medival anti-jewish Motif and its History, London 1974.
2 Institut für Kunst und Forschung: www.christliche-sauerei.de
3 Webside Kölner Dome. Online verfügbar unter: https://www.koelner-dom.de/ rundgang/rundgang0/ (Aufruf vom 12.2.2019).
4 Institut für Kunst und Forschung: Köln-Pressespiegel: „Schmähdarstellung" am Chorgestühl, in: Kölnische Rundschau vom 21. Juni 2002. Online verfügbar unter: http://www.christliche-sauerei.de/koln/koln-press-020721-runds.html (Aufruf vom 12.2.2019).
5 Ebd., Gannott, Susanne: Sauerei im Dom, in: TAZ vom 19. November 2005. Online verfügbar unter: http://www.christliche-sauerei.de/koln/koln-press-051118-taz.html (Aufruf vom 12.2.2019).
6 Institut für Kunst und Forschung: Cadolzburg-Pressespiegel: Kissler, Alexander: Vorläufiges Ende einer historischen Schweinerei, in: Süddeutsche Zeitung vom 8. Januar 2004. Online verfügbar unter: http://www.christliche-sauerei.de/cado/cado-sz.html (Aufruf vom 12.2.2019); Lauchs, Gerhard: Info-Tafel erläutert das Schmährelief, in: Fürther Nachrichten vom 8. Januar 2004. Online verfügbar unter: http://www.christliche-sauerei.de/cado/cado-fn.html (Aufruf vom 12.2.2019).
7 Institut für Kunst und Forschung: Regensburg-Tafel. Online verfügbar unter: http://www.christliche-sauerei.de/reg/reg-t-tafel1.html (Aufruf vom 12.2.2019).
8 Institut für Kunst und Forschung: Nürnberg-Pressespiegel: dpa-Meldung vom 4. Oktober 2002. Online verfügbar unter: http://www.christliche-sauerei.de/nurn/nurn-t-05-dpa.html (Aufruf vom 12.2.2019); Heilig-Achneck, Wolfgang: Harsche Kritik an „Sau-Skulptur", in: Nürnberger Nachrichten vom 4. Oktober 2002. Online verfügbar unter: http:// www.christliche- sauerei.de/nurn/nurn-t-06-nn.html (Aufruf vom 12.2.2019).

9   Ebd.: Schmitt, Peter: Künstler-Protest gegen „christliche Sauerei", in: Süddeutsche Zeitung vom 4. Oktober 2002. Online verfügbar unter: http://www.christliche-sauerei.de/nurn/nurn-t-07-sz.html (Aufruf vom 12.2.2019).

10 Ebd.: Nürnberg-Faltblatt der Gemeinde. Online verfügbar unter: http://www.christliche-sauerei.de/nurn/nurn-t-02-falt.html (Aufruf vom 12.2.2019).

11 Institut für Kunst und Forschung: Bad Wimpfen: Protokoll des Besuchs der Ritterstiftskirche St. Peter, Bad Wimpfen am Donnerstag, 31. März 2005. Online verfügbar unter: http://www.christliche-sauerei.de/wimpfen/wimpf-t-prot05.html (Aufruf vom 12.2.2019).

12 Ebd.

13 Der lange Kampf gegen die „Judensau-Skulpturen", in: Die Welt vom 26. September 2012.

14 Institut für Kunst und Forschung: Zerbst: Protokoll. Online verfügbar unter: http://www.christliche-sauerei.de/zerbst/zerbst-t-02.html (Aufruf vom 12.2.2019)

15 Evangelisches Pfarramt St. Nicolai und St. Trinitatis Zerbst, Der Gemeindekirchenrat, 2005 (Archiv Wolfram Kastner).

16 Luther, Martin: Vom Schem Hamphoras und vom Geschlecht Christi 1543, in: Martin Luthers Werke. Kritische Gesamtausgabe. 53. Band, Weimar 1920, S. 573-648, S. 600ff.

17 Duclaud, Marcel: Klage gegen „Judensau" – Wittenberger Stadtkirche vor Gericht gestellt, in: Mitteldeutsche Zeitung vom 19. Dezember 2017. Online verfügbar unter: https://www.mz-web.de/wittenberg/klage-gegen--judensau--wittenberger-stadtkirche-vor-gericht-gestellt-29321380; (Aufruf vom 12.2.2019); MDR/epd: „Judensau"-Prozess geht in nächste Instanz. Online verfügbar unter: https://www.mdr.de/sachsen-anhalt/dessau/wittenberg/prozess-judensau-geht-in-naechste-instanz-100.html (Aufruf vom 12.2.2019).

Michael Koch, Laupheim
„So brechen die Spuren eines nur überdeckten Judenhasses hervor" – Zeugnisse des Antisemitismus in Laupheim als Herausforderung der Museumspädagogik

1   Vgl. dazu: Schäll, Ernst: Kreuzweg und Ölbergkapelle bei St. Leonhard in Laupheim, ein Werk von Gabriel Lämmle, in: Christen und Juden in Laupheim Nr. 4, 2001. Hg. Gesellschaft für Geschichte und Gedenken e.V. Laupheim, Laupheim 2011, S. 27-34, S. 34.

2   Vgl. dazu: http://www.jewishvirtuallibrary.org/covering-of-the-head sowie http://www.jewishvirtuallibrary.org/tallis-tzitzis.

3   Frey, Jörg: Neutestamentliche Wissenschaft und antikes Judentum. Probleme – Wahrnehmungen – Perspektiven, in: Zeitschrift für Theologie und Kirche, Bd. 109, 2012, S. 445-471, S. 446.

4   Braun, Josef K.: Alt-Laupheimer Bilderbogen. Hg. Stadt Laupheim, Weissenhorn 1985, S. 232.

5   Ebd., S. 230.

6   Ebd.

7   Vgl. dazu: Schönhagen, Benigna: „Ja, es ist ein weiter Weg weg von der Judenschule bis hierher…". Kilian von Steiner und Laupheim, in: Spuren 42, April 1998. Hg. Deutsche Schillergesellschaft, Marbach am Neckar 1998, S. 10.

8   Ebd.

9   Zitiert nach: Diemer, Kurt: Hauschronik des Leopold Hofheimer, Eggingen 2003, S. 25.

10   Ebd., S. 26.

11   Vgl. dazu: ebd.

12   Kilian Steiner 1869 an seine Braut, zitiert nach: Schönhagen: „Ja, es ist ein weiter Weg von der Judenschule bis hierher…", S. 1.

13   Treitel, Rebekka: Die Gemeinde in Laupheim, in: Gemeindezeitung der isr. Gemeinde Württembergs 7. Jg., Nr. 24 vom 16. März 1931, S. 288.

14   Hinweise auf vergleichbare Inschriften finden sich z.b. in: „Die schwarze Riwke" (1898) von Jakob Loewenberg (1856-1929). Dort heißt es: „Die günstige Meinung für sie wurde auch dann wenig erschüttert, als man auch im Dorfe die still schlummernde Abneigung gegen die Juden durch Wort und Schrift zu schüren begann. Die Inschrift, die seltsamerweise an manchen Bauernhäusern auftauchte. Jude und Schwein darf hier nicht herein, galt nicht für sie." Vgl. Loewenberg, Jakob: Aus jüdischer Seele. Ausgewählte Werke. Mit einem Vorwort von Günter Kunert. Hg von Winfried Kempf, Paderborn 1995, S. 65-77, S. 69.

15   Deutelmoser, Otto K.: Kilian Steiner und die Württembergische Vereinsbank, Ostfildern 2004², S. 22f.

16   Siehe dazu den Beitrag von Wolfram Kastner in diesem Band.

17   Deutelmoser: Kilian Steiner und die Württembergische Vereinsbank, S. 81.

18   Ebd.

19   Zitiert nach: Aly, Götz: Warum die Deutschen? Warum die Juden? Gleichheit, Neid und Rassenhass, Frankfurt am Main 2011, S. 74.

20   Siebertz, Paul: Ein Kapitel deutscher Wirtschaftsgeschichte, in: Ders.: Gottlieb Daimler. Ein Revolutionär der Technik, München/Berlin 1940, S. 195-215, S. 195ff.

21   Vgl. ebd.

22   Vgl. dazu: Deutelmoser: Kilian Steiner und die Württembergische Vereinsbank, S. 284ff.

23   Vgl. dazu: Raulff, Ulrich: Kilian von Steiner: Ein Mäzen der Literatur, in: Kilian von Steiner – Firmengründer, Bankier, Mäzen. Annäherung an eine unternehmerische Ausnahmeerscheinung. Hg. Freundeskreis des Museums zur Geschichte von Christen und Juden in Laupheim, Laupheim 2010, S. 54-70, S. 60ff.

24 Zitiert nach: Rosenthal, Jacob: Die Ehre des jüdischen Soldaten. Die Judenzählung im Ersten Weltkrieg und ihre Folgen. Frankfurt am Main/New York 2007, S. 106.

25 Hecht, Cornelia: Deutsche Juden und Antisemitismus in der Weimarer Republik, Bonn 2003, S. 59.

26 Marx, Julius: Kriegstagebuch eines Juden, Zürich 1939, S. 138. Julius Marx hatte auf Anregung von Erich Maria Remarque seit 1930 an seinem Kriegstagebuch gearbeitet.

27 Vgl. dazu: Barkai, Avraham: „Wehr dich!". Der Centralverein deutscher Staatsbürger jüdischen Glaubens 1893–1938, München 2002, S. 55.

28 Das Erinnerungsblatt ist in der Dauerausstellung des Laupheimer Museums zu sehen.

29 Zitiert nach: Barkai: „Wehr Dich!", S. 55.

30 Vgl. dazu Leutnant Josef Zürndorfer aus Rexingen: „Ich bin als Deutscher ins Feld gezogen, um mein bedrängtes Vaterland zu schützen. Aber auch als Jude, um die volle Gleichberechtigung meiner Glaubensbrüder zu erstreiten." Zitiert nach: Walle, Heinrich: Deutsche Jüdische Soldaten 1914-1945, in: Militärgeschichtliches Forschungsamt (Hg): Deutsche Jüdische Soldaten 1914-1945, Freiburg 1981, S. 9-39, S. 9.

Guy Stern, Detroit
Propheten einer Dystopie – Sinclair Lewis,
Laura Z. Hobson, Philip Roth

1 Auf der Titelseite erscheint neben der Überschrift „Hate in America" ebenfalls eine beeindruckende Zeichnung: eine sich hinter einer amerikanischen Flagge fast völlig verbergende Gestalt erhebt die Hand zum Hitlergruß.

2 Siehe Gibbs, Nancy: Will the Nation succeed, where the President failed?, in: Time vom 28. August 2017, S. 26-27.

3 Scherer, Michael und Altman, Alexander: Bigots, Boosted by the Bully Pulpit, in: Time vom 28. August 2017, S. 30-35, hier S. 30.

4 Gibbs, Will the Nation succeed, S. 27. Siehe auch: Die Rückkehr des Nationalismus. Gesellschaften zwischen Hass und Patriotismus, in: Aufbau. Das jüdische Magazin, Nr. 6, Dezember 2017/Januar 2018, 83. Jg.

5 Siehe Lewis, Sinclair: It Can't Happen Here, New York 1935. Für meinen deutschsprachigen Vortrag benutzte ich die ausgezeichnete Übersetzung von Hans Meisel, einem Exilanten aus Nazi-Deutschland.

6 Lewis, Sinclair: Main Street, New York 1920.

7 Lewis, Sinclair: Das ist bei uns nicht möglich. Aus dem Amerikanischen von Hans Meisel, Berlin 2017. Die in diesem Aufsatz angegebenen Seitenzahlen beziehen sich auf diese deutsche Ausgabe.

8 Hobson, Laura Z.: Gentleman's Agreement, New York 1947. Der Roman wurde bisher nicht übersetzt. Die deutschsprachige Synchronisierung des amerikanischen Films er-

schien unter dem Titel „Tabu der Gerechten". Im Folgenden beziehen sich die Angaben im Text sowohl auf die Seitenzahl im englischen Text und auf die Minutenangabe im Film (als F.)

9 Siehe Roth, Philip: The Plot Against America: A Novel, Boston/New York 2004, und seine deutsche Übersetzung „Verschwörung gegen Amerika", aus dem Englischen von Werner Schmitz, München 2018. Die angegebenen Seitenzahlen beziehen sich auf die deutsche Ausgabe.

10 Auf der Titelseite des amerikanischen Textes wird eine US-Briefmarke, die mit einem Hakenkreuz überdruckt ist, gezeigt; in der deutschen nicht, weil das Symbol in Deutschland verboten ist.

11 Astor, Maggie: Anti-semitic Incidents surged 57 Percent in 2017, in: New York Times vom 27. Februar 2018.

12 Weidermann, Volker: Utopien. Warum die Politik die Literatur braucht. Eine Rede zum Jubiläum der Beauftragten der Bundesregierung für Kultur, in: Der Spiegel, Nr. 45 vom 3. November 2018, S. 135-137, hier 136f.

Marc Grimm, Bielefeld
Antisemitismus und Pro-Israelismus in der AfD

1 Vgl. Grimm, Marc/Kahmann, Bodo: Völkische Mobilisierung. Die Radikalisierung der „Alternative für Deutschland" (AfD) in der Debatte über die Flüchtlings- und Asylpolitik, in: Zick, Andreas/Berg, Lynn (Hg.): populär – extrem – normal: Zur Debatte über Rechtspopulismus, Berlin 2019. (Im Erscheinen)

2 https://www.derfluegel.de/2015/03/14/die-erfurter-resolution-wortlaut-und-erstunterzeichner/ (Aufruf vom 10.1.2019).

3 Petersen, Thomas: Wie antisemitisch ist Deutschland, in: Frankfurter Allgemeine Zeitung vom 19. Juni 2018.

4 Riebe, Jan: Wie antisemitisch ist die AfD?, in: Netz-Gegen-Nazis. Online verfügbar unter: http://www.netz-gegen-nazis.de/artikel/wie-antisemitisch-ist-die-afd-11021 (Aufruf vom 1.10.2018).

5 Meuthen, Jörg: Rede im Landtag von Baden-Württemberg am 8. Juni 2016, in: Plenarprotokoll vom 8. Juni 2016, 5. Sitzung, 16. Wahlperiode. Online verfügbar unter: https://www.landtagbw.de/files/live/sites/LTBW/files/dokumente/WP16/Plp/16_0005_08062016.pdf (Aufruf vom 1.10.2018), hier: S. 37

6 Salzborn, Samuel: Antisemitism in the „Alternative for Germany" Party, in: German Politics and Society, Ausgabe 127, Vol. 36, Nr. 3 (Herbst 2018), S. 74-93, hier: S. 86.

7 Soldt, Rüdiger: Abgeordneter beschimpft andere Parteien als „Volksverräter", in: Frankfurter Allgemeine Zeitung vom 28. Oktober 2016, Online verfügbar unter:

https://www.faz.net/aktuell/politik/inland/stefan-raepple-loest-diskussionen-bei-afd-aus-14529293.html (Aufruf vom 12.12.2018).

8   Joffe, Josef: Antisemitismus-Knüppel, in: Die Zeit, Nr. 3/2013, Online verfügbar unter: https://www.zeit.de/2013/03/Zeitgeist-Antisemitismus-Adorno (Aufruf vom 12.12.2018).

9   Beispielhaft: Landtag von Baden-Württemberg (2016): Plenarprotokoll vom 12. Oktober 2016, 13. Sitzung, 16. Wahlperiode, https://www.landtag-bw.de/files/live/sites/LTBW/files/dokumente/WP16/Plp/16_0013_12102016.pdf (Aufruf vom 12.12.2018).

10   Soldt, Rüdiger: Der Moment, wenn Parteifreunde einen Antisemiten verteidigen, in: Frankfurter Allgemeine Zeitung. Online verfügbar unter: https://www.faz.net/aktuell/politik/inland/warum-heinrich-fiechtner-die-afd-verlaesst-15308546.html (Aufruf vom 12.12.2018).

11   Amann, Melanie: AfD-Politiker Gedeon darf in der Partei bleiben, in: Spiegel Online. Online verfügbar unter: http://www.spiegel.de/politik/deutschland/afd-wolfgang-gedeon-darf-nach-antisemitismusvorwuerfen-in-partei-bleiben-a-1187022.html (Aufruf vom 12.12.2018).

12   Soldt, Rüdiger: Der Moment, wenn Parteifreunde einen Antisemiten verteidigen.

13   Grigat, Stephan: Von Österreich lernen. Die FPÖ als Vorbild der AfD und Antisemitismuskritik in Zeiten islamistischer Mobilmachung, in: Grigat, Stephan (Hg.): AfD & FPÖ. Antisemitismus, völkischer Nationalismus und Geschlechterbilder, Baden-Baden 2017, S. 9-28, hier: S. 17

14   Kopke, Christoph/Botsch, Gideon: Antisemitismus ohne Antisemiten?, in: Melzer, Ralf/Molthagen, Dietmar (Hg.): Wut – Verachtung – Abwertung. Rechtspopulismus in Deutschland, Bonn 2014, S. 178-194, S. 189 f.

15   Milbradt, Björn: Was ist Gegenaufklärung? Eine Ideologiekritik am Beispiel Pegida, in: Milbradt, Björn/Biskamp, Floris/Albrecht, Yvonne/Kiepe, Lukas (Hg.): Ruck nach Rechts? Rechtspopulismus, Rechtsextremismus und die Frage nach Gegenstrategien, Opladen/Berlin/Toronto, 2017, S. 17-32, S.21.

16   Gauland, Alexander: Warum muss es Populismus sein?, in: Frankfurter Allgemeine Zeitung vom 6. Oktober 2018.

17   Ebd.

18   Kahmann, Bodo: Sin City. Die Großstadt ist das Feindbild alter und neuer Nazis, in: konkret 1/2019, S. 36-37.

19   Ausführlich hierzu: Kahmann, Bodo: Feindbild Jude, Feindbild Großstadt. Antisemitismus und Großstadtfeindschaft im völkischen Denken, Göttingen 2016. Online verfügbar unter: https://www.academia.edu/31677606/Feindbild_Jude_Feindbild_Gro%C3%9Fstadt._Antisemitismus_und_Gro%C3%9Fstadtfeindschaft_im_v%C3%B6lkischen_Denken (Aufruf vom 12.12.2018).

20   Kahmann, Bodo: Sin City, S. 36-37.

21 Ebd., zudem: Hartmann, Michael: Die globale Wirtschaftselite. Eine Legende, Frankfurt am Main 2016.

22 Halle Institute for Economic Research. Press Release 30/2015. „Germany benefited substantially from Greek crises", https://www.iwh-halle.de/nc/en/press/press-releases/detail/germany-benefited-substantially-from-the-greek-crisis/ (Aufruf vom 18.11.2018).

23 Zahlen des Statistischen Bundesamtes, online verfügbar unter: https://www.destatis.de/DE/ZahlenFakten/Indikatoren/LangeReihen/Aussenhandel/lra hl01.html (Aufruf vom 18.11.2018).

24 Höcke, Björn: Rede in Erfurt am 16. September 2015. Online verfügbar unter: https://www.youtube.com/watch?v=xJC_nY9VtE8Höcke (Aufruf vom 18.11.2018).

25 Gauland, Alexander: Populismus und Demokratie. Dr. Alexander Gauland beim IfS am 19. Januar 2019, online verfügbar unter: https://www.youtube.com/watch?v=zMsR4gr TlsQ (10.2.2019). Kritisch dazu: Biskamp, Floris: Rechter Ideologe und schlechter Soziologe. Alexander Gaulands Rede über Populismus und Demokratie gelesen als Theorie, Ideologie und politische Herausforderung, online verfügbar unter: http://blog.florisbiskamp.com/2019/02/11/rechter-ideologe-und-schlechter-soziologe-alexander-gaulands-rede-ueber-populismus-und-demokratie-gelesen-als-theorie-ideologie-und-politische-herausforderung/?fbclid=IwAR3C9ptSbFaqi8UzypwiQ7wKv6SDvPWwDYu1_kS90 BlPN_7dP1CE46gzHu0 (Aufruf vom 12.02.2019).

26 Zudem fußt das Selbstverständnis der sogenannten Identitären Bewegung auf diesem Verständnis.

27 Die Videoaufnahme aus Charlottesville zeigen, dass die Mitglieder diverser rechtsextremer Gruppierungen „You will not replace us" (an ihre Gegner gewandt: Ihr werdet uns nicht ersetzen) und „Jews will not replace us" skandieren. Bei der These des Bevölkerungsaustausches handelt es sich um einen gemeinsamen Bezugspunkt und ein zentrales Element im Denken des amerikanischen Rechtsextremismus. Für Hinweise auf diese Zusammenhänge danke ich Patricia Zubi. Vgl. Charlottesville: Race and Terror - VICE News Tonight on HBO, online verfügbar unter: https://www.youtube.com/watch?v=RIrcB1sAN8I (Aufruf vom 10.1.2018)

28 Adorno, Theodor W.: Studien zum autoritären Charakter. Aus dem Amerikanischen von Milli Weinbrenner. Vorrede von Ludwig von Friedeburg. Frankfurt am Main 1973, S. 189f.

29 Ebd., S. 191.

30 Kopke, Christoph/Botsch, Gideon: Antisemitismus ohne Antisemiten?, S. 193.

31 AfD Sachsen 2014. Wahlprogramm 2014. Langfassung. Online verfügbar unter: http://afd-fraktion-sachsen.de/audiowahlprogramm.html?file=files/afd/fraktionsachsen/downloads/Wahlprogramm/AfD_Programm_Lang.pdf (Aufruf vom 18.1.2016).

32 AfD Sachsen-Anhalt 2016: „Die Stimme der Bürger – unser Programm". Wahlpro-
    gramm zur Landtagswahl am 13. März 2016. http://www.afd-lsa.de/start/wp-
    content/uploads/2015/08/Wahlprogramm_31102015v2.pdf (Aufruf vom 1.10.2016).

33 AfD-Grundsatzprogramm 2016, online verfügbar unter: https://www.afd.de/grundsatz-
    programm/ (Aufruf vom 12.12.2018), S. 48.

34 Gauland, Alexander: Kyffhäusertreffen 2018 - Rede von Alexander Gauland, Online
    verfügbar unter: https://www.youtube.com/watch?v=lHGeX55vd00 (Aufruf vom
    21.12.2018).

35 Höcke, Björn: Rede bei den Dresdner Gesprächen am 17. Januar 2017,
    https://www.tagesspiegel.de/politik/hoecke-rede-im-wortlaut-gemuetszustand-eines-
    total-besiegten-volkes/19273518.html (Aufruf vom 12.2.2019)

36 Ebd.

37 Ebd.

38 Hübscher, Monika: The AfD's Attitude towards National Socialism, the Holocaust
    and Antisemitism: A Facebook Analysis, Masterarbeit an der Universität Haifa 2017,
    S. 54.

39 Ebd., zudem: von Storch, Beatrix: „Attentat vom 20. Juli 1944: Kampf gegen die NS-
    Diktatur", 20. Juli 2017. Online verfügbar unter: https://www.facebook.com/Beatrix-
    VonStorch/videos/1660299040678201 (Aufruf vom 12.12.2018).

40 Hübscher, Monika: The AfD's Attitude towards National Socialism, the Holocaust and
    Antisemitism, S. 54.

41 Storch, Beatrix von: „Attentat vom 20. Juli 1944: Kampf gegen die NS-Diktatur".

42 Ebd.

43 Ebd.

44 Ebd.

45 Bernstein, Isabel: AfD verlässt Plenum während Holocaust-Gedenkrede, Süddeutsche
    Zeitung, online verfügbar unter: https://www.sueddeutsche.de/bayern/afd-landtag-ge-
    denkveranstaltung-opfer-nationalsozialismus-knobloch-1.4299382 (Aufruf vom
    10.2.2019).

46 Stefan Möller, Parlamentarischer Geschäftsführer der AfD im Thüringer Landtag.
    Online verfügbar unter: https://m.facebook.com/story.php?story_fbid=2493400354
    008696&id=969753549706725 (Aufruf vom 10.1.2019).

47 Juden in der AfD, Beitrag auf Facebook. Online verfügbar unter: https://www.face-
    book.com/JudeninderAfD/posts/450723222424914?__tn__=K-R (10.1.2019).

48 Vgl. https://www.faz.net/aktuell/politik/inland/charlotte-knobloch-nach-afd-eklat-im-
    landtag-bedroht-16006202.html (Aufruf vom 10.1.2019).

49 Vgl. hierzu das Interview mit Alexander Gauland in Die Zeit, in der Gauland ohne
    darauf angesprochen zu werden direkt auf Auschwitz zu sprechen kommt und formu-
    liert „Hitler hat sehr viel mehr zerstört als die Städte und die Menschen, er hat den

Deutschen das Rückgrat gebrochen, weitgehend.", in: Die Zeit, Nr. 17/2016, online verfügbar unter: https://www.zeit.de/2016/17/alexander-gauland-afd-cdu-konservatismus (Aufruf vom 12.12.2018).

50 Zick, Andreas/Krause, Daniela/Küpper, Beate: Rechtspopulistische und rechtsextreme Einstellungen in Deutschland, in: Zick, Andreas/Krause, Daniela/Küpper, Beate (Hg.): Gespaltene Mitte – Feindselige Zustände. Rechtsextreme Einstellungen in Deutschland 2016, Bonn 2016, S. 111-142, S. 122.

51 Ebd., S. 137.

52 Zick, Andreas: Polarisierung und radikale Abwehr – Fragen an eine gespaltene Gesellschaft und Leitmotive politischer Bildung, in: Zick, Andreas/ Krause, Daniela/ Küpper, Beate (Hg.): Gespaltene Mitte – Feindselige Zustände. Rechtsextreme Einstellungen in Deutschland 2016, Bonn 2016, S. 203-219, S. 203, S. 218, S. 210.

53 Petersen, Thomas: Wie antisemitisch ist Deutschland, in: Frankfurter Allgemeine Zeitung vom 19. Juni 2018.

54 Ebd.

55 Zitiert nach Soldt, Rüdiger: AfD will Geld für NS-Gedenkstätte streichen, in: Frankfurter Allgemeine Zeitung, online verfügbar unter: https://www.faz.net/aktuell/ politik/inland/joerg-meuthen-von-afd-ist-gegen-gelder-fuer-ns-gedenkstaette-14726516. html (Aufruf vom 12.12.2019).

56 http://www.ynetnews.com/articles/0,7340,L-4793393,00.html (Aufruf vom 1.10.2016).

57 http://ruhrkultour.de/jung-naiv-interviewt-frauke-petry-afd/ (Aufruf vom 14.2.2019)

58 Frauke Petry im Interview, online verfügbar unter: https://www.youtube.com/watch? v=l9_F8njF6C4 (Aufruf vom 10.1.2019).

59 Gauland, Alexander: Rede in der 29. Sitzung des Bundestages am 26. April 2018. Online verfügbar unter: http://dipbt.bundestag.de/dip21/btp/19/19029.pdf#P.2623 (Aufruf vom 12.12.2018), S. 2623.

60 Zitiert nach Grigat, Stephan: Von Österreich lernen, S. 15.

61 Ebd.

62 Zum Zeitpunkt der Veröffentlichung wurde die Erklärung von 17 Vereinigungen unterstützt.

63 Aufruf Keine Alternative für Juden, online verfügbar unter: https://www.zentralratderjuden.de/fileadmin/user_upload/pdfs/Gemeinsame_Erklaerung_gegen_die_AfD_.pdf (Aufruf vom 12.12.2018).

64 Spiegel-Gespräch mit Charlotte Knobloch – „So schlimm wie heute war es noch nie", in: Der Spiegel vom 5. Oktober 2018. Online verfügbar unter: http://www.spiegel.de/plus/ charlotte-knobloch-so-schlimm-wie-heute-war-es-noch-nie-a-00000000-0002-0001-0000-000159786767 (Aufruf vom 12.12.2018).

65 Meuthen, Jörg: „Frau Knobloch, es reicht!". Online verfügbar unter: https://michael-

mannheimer.net/2018/10/11/joerg-meuthen-afd-zum-nazivorwurf-der-praesidentin-des-zentralrats-der-juden-deutschlands-frau-knobloch-es-reicht/ (Aufruf vom 12.12.2018).

66 Publico-Gespräch mit Wolfgang Fuhl, online verfügbar unter: https://www.publico-mag.com/2018/10/sonst-werden-wir-den-marsch-durch-die-institutionen-antreten/ (Aufruf vom 12.12.2018).

67 Mansel, Jürgen/Spaiser, Victoria: Soziale Beziehungen, Konfliktpotentiale und Vorurteile im Kontext von Erfahrungen verweigerter Teilhabe und Anerkennung bei Jugendlichen mit und ohne Migrationshintergrund. Bielefeld 2010; Jikeli, Günther: Muslimischer Antisemitismus in Europa, in: Grimm, Marc/Kahmann, Bodo (Hg.): Antisemitismus im 21. Jahrhundert. Virulenz einer alten Feindschaft in Zeiten von Islamismus und Terror, Oldenburg 2018, S. 113-133.

68 Kopke, Christoph/Botsch, Gideon: Antisemitismus ohne Antisemiten?, S. 188.

LITERATUR

Adorno, Theodor W.: Studien zum autoritären Charakter. Aus dem Amerikanischen von Milli Weinbrenner. Vorrede von Ludwig von Friedeburg. Frankfurt am Main 1973.

AfD Sachsen 2014. Wahlprogramm 2014. Langfassung. Online verfügbar unter: http://afd-fraktionsachsen.de/audiowahlprogramm.html?file=files/afd/fraktionsachsen/downloads/Wahlprogramm/AfD_Programm_Lang.pdf (18.1.2016).

AfD Sachsen-Anhalt 2016: „Die Stimme der Bürger – unser Programm". Wahlprogramm zur Landtagswahl am 13. März 2016. Online verfügbar unter: http://www.afd-lsa.de/start/wp-content/uploads/2015/08/Wahlprogramm_31102015v2.pdf (Aufruf vom 1.10.2016).

AfD-Grundsatzprogramm 2016. Online verfügbar unter: https://www.afd.de/grundsatzprogramm/ (Aufruf vom 12.12.2018).

Aly, Götz: Warum die Deutschen? Warum die Juden? Gleichheit, Neid und Rassenhass, Frankfurt am Main 2011.

Amann, Melanie: AfD-Politiker Gedeon darf in der Partei bleiben, in: Spiegel Online. Online verfügbar unter: http://www.spiegel.de/politik/deutschland/afd-wolfgang-gedeon-darf-nach-antisemitismusvorwuerfen-in-partei-bleiben-a-1187022.html (Aufruf vom 12.12.2018).

Astor, Maggie: Anti-semitic Incidents surged 57 Percent in 2017, in: New York Times vom 27. Februar 2018.

Bauer, Jehuda: Rethinking the Holocaust, New Haven 2001.

Barkai, Avraham: „Wehr dich!". Der Centralverein deutscher Staatsbürger jüdischen Glaubens 1893-1938, München 2002.

Benz, Wolfgang: Was ist Antisemitismus?, München 2004.

Bernstein, Isabel: AfD verlässt Plenum während Holocaust-Gedenkrede, Süddeutsche Zeitung, online verfügbar unter: https://www.sueddeutsche.de/bayern/afd-landtag-gedenk-veranstaltung-opfer-nationalsozialismus-knobloch-1.4299382 (Aufruf vom 10.2.2019).

Braun, Josef K.: Alt-Laupheimer Bilderbogen. Hg. Stadt Laupheim, Weissenhorn 1985.

Deutelmoser, Otto K.: Kilian Steiner und die Württembergische Vereinsbank, Ostfildern 2014.

Diemer, Kurt (Hg.): Hauschronik des Leopold Hofheimer, Eggingen 2003.

Duclaud, Marcel: Klage gegen „Judensau" – Wittenberger Stadtkirche vor Gericht gestellt, in: Mitteldeutsche Zeitung vom 19. Dezember 2017. Online verfügbar unter: https://www.mz-web.de/wittenberg/klage-gegen--judensau--wittenberger-stadtkirche-vor-gericht-gestellt-29321380; (Aufruf vom 12.2.2019)

Elon, Amos: Zu einer anderen Zeit. Porträt der jüdisch-deutschen Epoche (1743-1933), München/Wien 2003.

Feder, Gottfried: Das Programm der N.S.D.A.P. und seine weltanschaulichen Grundgedanken, München 1927.

Frey, Jörg: Neutestamentliche Wissenschaft und antikes Judentum. Probleme – Wahrnehmungen – Perspektiven, in: Zeitschrift für Theologie und Kirche, Bd. 109, 2012, S. 445-471.

Friesel, Evyatar: Juden-Hass gestern und heute: Ein historischer Blick auf 130 Jahre judeophobische Feindseligkeit, in: Meibauer, Jörg (Hg.): Hassrede/Hate Speech. Interdisziplinäre Beiträge zu einer aktuellen Diskussion, Gießen 2013, S. 17-27.

Fuhl, Wolfgang: Gespräch mit Publico. Online verfügbar unter: https://www.publicomag.com/2018/10/sonst-werden-wir-den-marsch-durch-die-institutionen-antreten/ (Aufruf vom 12.12.2018).

Gauland, Alexander: Interview, in: Die Zeit, 17/2016. Online verfügbar unter: https://www.zeit.de/2016/17/alexander-gauland-afd-cdu-konservatismus (Aufruf vom 12.12.2018).

Gauland, Alexander: Rede in der 29. Sitzung des Bundestages am 26. April 2018. Online verfügbar unter: http://dipbt.bundestag.de/dip21/btp/19/19029.pdf#P.2623 (Aufruf vom 12.12.2018).

Gauland, Alexander: Rede – Kyffhäusertreffen 2018. Online verfügbar unter: https://www.youtube.com/watch?v=lHGeX55vd00 (Aufruf vom 21.12.2018).

Gauland, Alexander: Warum muss es Populismus sein?, in: Frankfurter Allgemeine Zeitung vom 6. Oktober 2018.

Gibbs, Nancy: Will the Nation succeed, where the President failed?, in: Time vom 28. August 2017, S. 26-27.

Glöckner, Olaf/Jikeli, Günther (Hg.): Das neue Unbehagen. Antisemitismus in Europa heute, Hildesheim 2019.

Grigat, Stephan: Von Österreich lernen. Die FPÖ als Vorbild der AfD und Antisemitismuskritik in Zeiten islamistischer Mobilmachung, in: Grigat, Stephan (Hg.): AfD & FPÖ. Antisemitismus, völkischer Nationalismus und Geschlechterbilder, Baden-Baden 2017, S. 9-28.

Grimm, Marc/Kahmann, Bodo: Völkische Mobilisierung. Die Radikalisierung der „Alternative für Deutschland" (AfD) in der Debatte über die Flüchtlings- und Asylpolitik, in: Zick, Andreas/Berg, Lynn (Hg.): populär – extrem – normal: Zur Debatte über Rechtspopulismus, Berlin 2019. (Im Erscheinen)

Hartmann, Michael: Die globale Wirtschaftselite. Eine Legende, Frankfurt am Main 2016.

„Hate in Amerika", in: Time vom 28. August 2017.

Hecht, Cornelia: Deutsche Juden und Antisemitismus in der Weimarer Republik, Bonn 2003.

Hentges, Gudrun: Schattenseiten der Aufklärung. Die Darstellung von Juden und „Wilden" in philosophischen Schriften des 18. und 19. Jahrhunderts, Schwalbach 1999.

Hobson, Laura Z.: Gentleman's Agreement, New York 1947.

Höcke, Björn: Rede in Erfurt am 16. September 2015. Online verfügbar unter: https://www.youtube.com/watch?v=xJC_nY9VtE8Höcke (Aufruf vom 18.11.2018).

Höcke, Björn: Rede bei den Dresdner Gesprächen am 17. Januar 2017. Online verfügbar unter: https://www.tagesspiegel.de/politik/hoecke-rede-im-wortlaut-gemuetszustand-eines-total-besiegten-volkes/19273518.html (Aufruf vom 12.2.2019).

Horkheimer, Max/Adorno Theodor W.: Dialektik der Aufklärung, Frankfurt am Main 1971.

Hövermann, Andreas/Große, Eva: Menschenfeindlicher und rechtsextremer – Die Veränderung der Einstellungen unter AfD-Sympatisanten zwischen 2014 und 2016, in: Zick, Andreas/Krause, Daniela/Küpper, Beate (Hg.): Gespaltene Mitte – Feindselige Zustände. Rechtsextreme Einstellungen in Deutschland 2016, Bonn 2016, S. 167-201.

Hübscher, Monika: The AfD's Attitude towards National Socialism, the Holocaust and Antisemitism: A Facebook Analysis. Masterarbeit an der Universität Haifa 2017.

Institut für Kunst und Forschung: www.christliche-sauerei.de

Institut für Kunst und Forschung: Köln-Pressespiegel: „Schmähdarstellung" am Chorgestühl, in: Kölnische Rundschau vom 21. Juni 2002. Online verfügbar unter: http://www.christliche-sauerei.de/koln/koln-press-020721-runds.html (Aufruf vom 12.2.2019).

Institut für Kunst und Kultur: Köln-Pressespiegel: Gannott, Susanne: Sauerei im Dom, in: TAZ vom 19. November 2005. Online verfügbar unter: http://www.christliche-sauerei.de/koln/koln-press-051118-taz.html (Aufruf vom 12.2.2019).

Institut für Kunst und Forschung: Cadolzburg-Pressespiegel: Kissler, Alexander: Vorläufiges Ende einer historischen Schweinerei, in: Süddeutsche Zeitung vom 8. Januar 2004. Online verfügbar unter: http://www.christliche-sauerei.de/cado/cado-sz.html (Aufruf vom 12.2.2019).

Institut für Kunst und Kultur: Lauchs, Gerhard: Info-Tafel erläutert das Schmährelief, in: Fürther Nachrichten vom 8. Januar 2004. Online verfügbar unter: http://www.christliche-sauerei.de/cado/cado-fn.html (Aufruf vom 12.2.2019).

Institut für Kunst und Forschung: Regensburg-Tafel. Online verfügbar unter: http://www.christliche-sauerei.de/reg/reg-t-tafel1.html (Aufruf vom 12.2.2019).

Institut für Kunst und Forschung: Nürnberg-Pressespiegel: dpa-Meldung vom 4. Oktober 2002. Online verfügbar unter: http://www.christliche-sauerei.de/nurn/nurn-t-05-dpa.html (Aufruf vom 12.2.2019).

Institut für Kunst und Kultur: Heilig-Achneck, Wolfgang: Harsche Kritik an „Sau-Skulptur", in: Nürnberger Nachrichten vom 4. Oktober 2002. Online verfügbar unter: http://www.christliche-sauerei.de/nurn/nurn-t-06-nn.html (Aufruf vom 12.2.2019).

Institut für Kunst und Kultur: Schmitt, Peter: Künstler-Protest gegen „christliche Sauerei", in: Süddeutsche Zeitung vom 4. Oktober 2002. Online verfügbar unter: http://www.christliche-sauerei.de/nurn/nurn-t-07-sz.html (Aufruf vom 12.2.2019).

Institut für Kunst und Kultur: Nürnberg-Faltblatt der Gemeinde. Online verfügbar unter: http://www.christliche-sauerei.de/nurn/nurn-t-02-falt.html (Aufruf vom 12.2.2019).

Institut für Kunst und Forschung: Bad Wimpfen - Protokoll des Besuchs der Ritterstiftskirche St. Peter, Bad Wimpfen am Donnerstag, 31. März 2005. Online verfügbar unter: http://www.christliche-sauerei.de/wimpfen/wimpf-t-prot05.html (Aufruf vom 12.2.2019).

Institut für Kunst und Forschung: Zerbst-Protokoll. Online verfügbar unter: http://www.christliche-sauerei.de/zerbst/zerbst-t-02.html (Aufruf vom 12.2.2019).

Jewish Virtual Library: http://www.jewishvirtuallibrary.org/covering-of-the-head

Jewish Virtual Library: http://www. jewishvirtuallibrary.org/tallis-tzitzis

Jikeli, Günther: Muslimischer Antisemitismus in Europa, in: Grimm, Marc/Kahmann, Bodo (Hg.): Antisemitismus im 21. Jahrhundert. Virulenz einer alten Feindschaft in Zeiten von Islamismus und Terror, Oldenburg 2018, S. 113-133.

Joffe, Josef: Antisemitismus-Knüppel, in: Die Zeit, Nr. 3/2013, Online verfügbar unter: https://www.zeit.de/2013/03/Zeitgeist-Antisemitismus-Adorno (Aufruf vom 2.12.2018).

Kahmann, Bodo: Feindbild Jude, Feindbild Großstadt. Antisemitismus und Großstadtfeindschaft im völkischen Denken, Göttingen 2016. Online verfügbar unter: https://www.academia.edu/31677606/Feindbild_Jude_Feindbild_Gro%C3%9Fstadt._Antisemitismus_und_Gro%C3%9Fstadtfeindschaft_im_v%C3%B6lkischen_Denken (Aufruf vom 12.12.2018).

Kahmann, Bodo: Sin City. Die Großstadt ist das Feindbild alter und neuer Nazis, in: konkret 1/2019, S. 36-37.

Knobloch, Charlotte im Gespräch mit Der Spiegel: „So schlimm wie heute war es noch nie", in: Der Spiegel vom 5. Oktober 2018. Online verfügbar unter: http://www.spiegel.de/plus/charlotte-knobloch-so-schlimm-wie-heute-war-es-noch-nie-a-00000000-0002-0001-0000-000159786767 (Aufruf vom 12.12.2018).

Kopke, Christoph/Botsch, Gideon: Antisemitismus ohne Antisemiten?, in: Melzer,

Ralf/Molthagen, Dietmar (Hg.): Wut – Verachtung – A ᵉʳ†ᵤ. ᵤ. Rechtspopulismus in Deutschland, Bonn 2014, S. 178-194.

Kohl, Waltraut: Die Geschichte der Judengemeinde in Laupheim, Weingarten 1965. (Unveröffentlichte Zulassungsarbeit an der Pädagogischen Hochschule)

Landeszentrale für politische Bildung Baden-Württemberg (Hg.): Antisemitismus heute. Der Bürger im Staat, Heft 4, Stuttgart 2013.

Landtag von Baden-Württemberg: Plenarprotokoll vom 12. Oktober 2016, 13. Sitzung, 16. Wahlperiode. Online verfügbar unter: https://www.landtagbw.de/files/live/sites/LTBW/files/dokumente/WP16/Plp/16_0013_ 12102016.pdf (Aufruf vom 12.12.2018).

Der lange Kampf gegen die „Judensau-Skulpturen" in: Die Welt vom 26. September 2012.

Laqueur, Walter: The changing Faces of antisemitism, Oxford 2006.

Lewis, Sinclair: Main Street, New York 1920.

Lewis, Sinclair: It Can't Happen Here, New York 1935.

Loewenberg, Jakob: Die schwarze Riwke (1898), in: Ders.: Aus jüdischer Seele. Ausgewählte Werke. Mit einem Vorwort von Günter Kunert. Hg. von Winfried Kempf, Paderborn 1995, S. 65-77.

Luther, Martin: Vom Schem Hamphoras und vom Geschlecht Christi 1543, in: Martin Luthers Werke. Kritische Gesamtausgabe. 53. Band, Weimar 1920, S. 573-648.

Mansel, Jürgen/Spaiser, Victoria: Soziale Beziehungen, Konfliktpotentiale und Vorurteile im Kontext von Erfahrungen verweigerter Teilhabe und Anerkennung bei Jugendlichen mit und ohne Migrationshintergrund, Bielefeld 2010.

Marx, Julius: Kriegstagebuch eines Juden, Zürich 1939.

MDR/epd: „Judensau"-Prozess geht in nächste Instanz. Online verfügbar unter: https://www.mdr.de/sachsen-anhalt/dessau/wittenberg/prozess-judensau-geht-in-naechste-instanz-100.html (Aufruf vom 12.2.2019).

Meuthen, Jörg: Rede im Landtag von Baden-Württemberg am 8. Juni 2016, Plenarprotokoll vom 8. Juni 2016, 5. Sitzung, 16. Wahlperiode. Online verfügbar unter: https://www.landtagbw.de/files/live/sites/LTBW/files/dokumente/WP16/Plp/16_0005_ 08062016.pdf (Aufruf vom 1.10.2016).

Meuthen, Jörg: „Frau Knobloch, es reicht!". Online verfügbar unter: https://michael-mann-heimer.net/2018/10/11/joerg-meuthen-afd-zum-nazivorwurf-der-praesidentin-des-zentralrats-der-juden-deutschlands-frau-knobloch-es-reicht/ (Aufruf vom 12.12.2018).

Milbradt, Björn: Was ist Gegenaufklärung? Eine Ideologiekritik am Beispiel Pegida, in: Milbradt, Björn/Biskamp, Floris/Albrecht, Yvonne/Kiepe, Lukas (Hg.): Ruck nach Rechts? Rechtspopulismus, Rechtsextremismus und die Frage nach Gegenstrategien, Opladen/Berlin/Toronto 2017, S. 17-32, S. 21.

Möller, Stefan. Online verfügbar unter: https://m.facebook.com/story.php?story_ fbid=2493400354008696&id=969753549706725 (Aufruf vom 10.1.2019).

Nirenberg, David: Anti-Judaism. The Western Tradition, New York 2013.

Petersen, Thomas: Wie antisemitisch ist Deutschland, in: Frankfurter Allgemeine Zeitung vom 19. Juni 2018.

Pfahl-Traughber, Armin: „Bausteine" einer Theorie über „Verschwörungstheorien". Definitionen, Erscheinungsformen, Funktionen und Ursachen, in: Reinalter, Helmut (Hg.): Verschwörungstheorien. Theorie, Geschichte, Wirkung, Innsbruck 2002, S. 30-44

Poliakov, Leon: Harvest of hate, London 1956.

Raulff, Ulrich: Kilian von Steiner: Ein Mäzen der Literatur, in: Kilian von Steiner – Firmengründer, Bankier, Mäzen. Annäherung an eine unternehmerische Ausnahmeerscheinung. Hg. Freundeskreis des Museums zur Geschichte von Christen und Juden in Laupheim, Laupheim 2010, S. 54-70.

Rechtanus, Vespasianus [d.i. Johann Baptist Caesar]: Jüden Spiegel, zur Meßkram gemeiner Thalmudischer Jüdenschafft. Ursell 1606.

Riebe, Jan: Wie antisemitisch ist die AfD?, in: Netz-Gegen-Nazis. http://www.netz-gegen-nazis.de/artikel/wie-antisemitisch-ist-die-afd-11021 (Aufruf vom 1.10.2016).

Rosenthal, Jakob: Die Ehre des jüdischen Soldaten. Die Judenzählung im Ersten Weltkrieg und ihre Folgen, Frankfurt am Main/New York 2007.

Roth, Philip: The Plot Against America: A Novel, Boston/New York 2004.

Roth, Philip: Verschwörung gegen Amerika, München 2005.

Die Rückkehr des Nationalismus. Gesellschaften zwischen Hass und Patriotismus, in: Aufbau. Das jüdische Magazin, Nr. 6, Dezember 2017/Januar 2018, 83. Jg.

Ruhrkultur: http://ruhrkultour.de/jung-naiv-interviewt-frauke-petry-afd/

Salzborn, Samuel: Antisemitism in the „Alternative for Germany" Party, in: German Politics and Society, Ausgabe 127, Vol. 36, Nr. 3 (Herbst 2018), S. 74-93.

Schäll, Ernst: Kreuzweg und Ölbergkapelle bei St. Leonhard in Laupheim, ein Werk von Gabriel Lämmle, in: Christen und Juden in Laupheim, Nr. 4, 201. Hg. Gesellschaft für Geschichte und Gedenken e.V. Laupheim, Laupheim 2001, S. 27-34.

Scherer, Michael und Altman, Alexander: Bigots, Boosted by the Bully Pulpit, in: Time vom 28. August 2017, S. 30-35.

Schönhagen, Benigna: „Ja, es ist ein weiter Weg von der Judenschule bis hierher ...". Kilian von Steiner und Laupheim. Hg. Deutsche Schillergesellschaft, Marbach am Neckar 1998. (Spuren 42, April 1998).

Schwarz-Friesel, Monika/Friesel, Evyatar/Reinharz, Jehuda (Hg.): Aktueller Antisemitismus in Deutschland. Ein Phänomen der Mitte, Berlin/New York 2010.

Schwarz-Friesel, Monika/Friesel, Evyatar: „Gestern die Juden, heute die Muslime ..."? Von den Gefahren falscher Analogien. In: Botsch, Gideon/Glöckner, Olaf/Kopke, Christoph/Spieker, Michael (Hg.): Islamophobie und Antisemitismus – ein umstrittener Vergleich, Berlin/Boston 2012, S. 29-50.

Schwarz-Friesel, Monika/Reinharz, Jehuda: Die Sprache der Judenfeindschaft im 21. Jahrhundert, Berlin/New York 2013 (Taschenbuchausgabe 2017).

Schwarz-Friesel, Monika: Antisemitische Hass-Metaphorik. Die emotionale Dimension aktueller Judenfeindschaft, in: Interventionen – Zeitschrift für Verantwortungspädagogik
6 (2015a), S. 38-44.

Schwarz-Friesel, Monika: Rechts, links oder Mitte? Zur semantischen, formalen und argumentativen Homogenität aktueller Verbal-Antisemitismen, in: Rauschenberger, Katha-
rina/Konitzer, Werner (Hg.): Antisemitismus und andere Feindseligkeiten.
Interaktionen von Ressentiments, Frankfurt am Main/New York 2015b, S. 175-192.

Schwarz-Friesel, Monika: Gebildeter Antisemitismus, seine kulturelle Verankerung und historische Kontinuität: Semper idem cum mutatione, in: Schwarz-Friesel, Monika
(Hg.): Gebildeter Antisemitismus. Eine Herausforderung für Politik und Zivilgesellschaft, Baden-Baden 2015c, S. 13-34.

Schwarz-Friesel, Monika: Antisemitismus-Leugnung: diskursive Strategien der Abwehr
und die emotionale Dimension von aktueller Judenfeindschaft, in: Schwarz-Friesel,
Monika (Hg.): Gebildeter Antisemitismus. Eine Herausforderung für Politik und Zivilgesellschaft, Baden-Baden 2015d, S. 293-312.

Schwarz-Friesel, Monika: Aktueller Antisemitismus. Bundeszentrale für politische Bildung, 2015e. Online verfügbar unter: http://www.bpb.de/politik/extremismus/antise-
mitismus/211516/aktueller-antisemitismus (Aufruf vom 12.2.2019).

Schwarz-Friesel, Monika: Antisemitismus 2.0. TU Berlin 2018. Online verfügbar unter:
https://www.linguistik.tu-berlin.de/menue/antisemitismus_2_0/ (Aufruf vom
12.2.2019)

Schwarz-Friesel, Monika: Judenhass im Internet, Berlin/Leipzig 2019.

Shahar; Isaiah: The Judensau. A medieval anti-jewish motif and its History, London 1974.

Siebertz, Paul: Ein Kapitel deutscher Wirtschaftsgeschichte, in: Ders.: Gottlieb Daimler.
Ein Revolutionär der Technik, München/Berlin 1940, S. 195-215.

Simmel, Ernst (Hg.): Antisemitismus, Frankfurt am Main [1946] 2002.

Simon, Marcel: Versus Israel. A Study of the Relations between Christians and Jews in the
Roman Empire AD 135-425, Oxford 1996.

Soldt, Rüdiger: Abgeordneter beschimpft andere Parteien als „Volksverräter", in: Frankfurter Allgemeine Zeitung vom 28. Oktober 2016, Online verfügbar unter:
https://www.faz.net/aktuell/politik/inland/stefan-raepple-loest-diskussionen-bei-afd-
aus-14529293.html (Aufruf vom 12.12.2018).

Soldt, Rüdiger: AfD will Geld für NS-Gedenkstätte streichen, in: Frankfurter Allgemeine
Zeitung. Online verfügbar unter: https://www.faz.net/aktuell/politik/inland/joerg-meu-
then-von-afd-ist-gegen-gelder-fuer-ns-gedenkstaette-14726516.html (Aufruf vom
12.12.2018).

Soldt, Rüdiger: Der Moment, wenn Parteifreunde einen Antisemiten verteidigen, in: Frankfurter Allgemeine Zeitung. Online verfügbar unter: https://www.faz.net/aktuell/poli-
tik/inland/warum-heinrich-fiechtner-die-afd-verlaesst-15308546.html (Aufruf vom
12.12.2018).

Storch, Beatrix von: „Attentat vom 20. Juli 1944: Kampf gegen die NS-Diktatur", 20. Juli 2017. Online verfügbar unter: https://www.facebook.com/BeatrixVonStorch/videos/1660299040678201 (Aufruf vom 12.12.2018).

Trachtenberg, Joshua: The Devil and the Jews. The Medieval Conception of the Jew and its Relation to Modern Antisemitism, New Haven 1943.

Treitel, Rebekka: Die Gemeinde Laupheim, in: Gemeindezeitung der israelitischen Gemeinden Württembergs 7. Jg., Nr. 24 vom 16. März 1931, S. 288-289.

Walle, Heinrich: Deutsche Jüdische Soldaten 1914-1945, in: Militärgeschichtliches Forschungsamt (Hg.): Deutsche Jüdische Soldaten 1914-1945, Freiburg 1981, S. 9-39.

Webside Kölner Dom: https://www.koelner-dom.de/rundgang/rundgang0/

Weidermann, Volker: Utopien. Warum die Politik die Literatur braucht. Eine Rede zum Jubiläum der Beauftragten der Bundesregierung für Kultur, in: Der Spiegel Nr. 45 vom 3. November 2018, S. 135-137.

Wistrich, Robert S.: Antisemitism: The longest hatred, London 1992.

ynetnews.com: http://www.ynetnews.com/articles/0,7340,L-4793393,00.html (Aufruf vom 1.10.2016).

YouTube: Charlottesville: Race and Terror - VICE News Tonight on HBO. Online verfügbar unter: https://www.youtube.com/watch?v=RIrcB1sAN8I (Aufruf vom 12.2.2019).

Zentralrat der Juden in Deutschland: Gemeinsame Erklärung gegen die AfD. AfD - Keine Alternative für Juden!. Online verfügbar unter:https://www.zentralratderjuden.de/fileadmin/user_upload/pdfs/Gemeinsame_Erklaerung_gegen_die_AfD_.pdf (Aufruf vom 12.12.2018).

Zick, Andreas/Krause, Daniela/Küpper, Beate: Rechtspopulistische und rechtsextreme Einstellungen in Deutschland, in: Zick, Andreas/Krause, Daniela/Küpper, Beate (Hg.): Gespaltene Mitte – Feindselige Zustände. Rechtsextreme Einstellungen in Deutschland 2016, Bonn 2016, S. 111-142.

Zick, Andreas: Polarisierung und radikale Abwehr – Fragen an eine gespaltene Gesellschaft und Leitmotive politischer Bildung, in: Zick, Andreas/Krause, Daniela/Küpper, Beate (Hg.): Gespaltene Mitte – Feindselige Zustände. Rechtsextreme Einstellungen in Deutschland 2016, Bonn 2016, S. 203-219.

AUTOREN

Lutum-Lenger, Paula: Prof. Dr., Jahrgang 1957, Studium der Volkskunde, Soziologie, Publizistik, Vor- und Frühgeschichte und Promotion in Münster.

Von 1989 bis 2018 Ausstellungs- und Sammlungsleiterin und stellvertretende Leiterin des Hauses der Geschichte Baden-Württemberg in Stuttgart. Seit Januar 2019 Direktorin des Hauses der Geschichte Baden-Württemberg. Honorarprofessorin am Historischen Seminar der Universität Tübingen.

Zahlreiche Ausstellungen zur südwestdeutschen Landesgeschichte sowie museologische und landesgeschichtliche Veröffentlichungen.

Schwarz-Friesel, Monika: Prof. Dr., Antisemitismusforscherin an der TU Berlin (Institut für Sprache und Kommunikation).

Publikationen zum Thema u. a.:
Aktueller Antisemitismus – ein Phänomen der Mitte. Hg. mit Jehuda Reinharz/Evyatar Friesel, Berlin 2010.

(mit J. Reinharz): Die Sprache der Judenfeindschaft im 21 Jahrhundert, Berlin/New York 2013. (2017 Taschenbuchausgabe).

(mit J. Reinharz): Inside the antisemitic mind, University Press of New England 2017.

Hg.: Gebildeter Antisemitismus. Eine Herausforderung für Politik und Zivilgesellschaft, Baden-Baden 2015.
Antisemitismus 2.0 und die Netzkultur des Hasses. Judenfeindschaft als kulturelle Konstante und kollektiver Gefühlswert im digitalen Zeitalter. Ergebnisse der DFG-geförderten Langzeitstudie „Antisemitismus im www"

Schwarz-Friesel, Monika: Judenhass im Internet, Berlin/Leipzig 2019.

Koch, Michael: Dr. theol., Jahrgang 1970, studierte in Marburg, Tübingen und München Germanistik und Ev. Theologie. Promotion „Drachenkampf und Sonnenfrau. Zur Funktion des Mythischen in der Johannesapokalypse am Beispiel von Kapitel 12" bei Prof. Dr. Jörg Frey. Seit 2004 Gymnasiallehrer in Ehingen und Ulm, seit 2017 Pädagogischer Leiter des Laupheimer Museums zur Geschichte von Christen und Juden.

Kastner, Wolfram: Künstler, Jahrgang 1947, Studium an der Akademie der Bildenden Künste und der Universität München. Seit 1972 freischaffender Künstler (Malerei, Zeichnung und Fotografie), ab 1982 zunehmend Aktionen, Konzepte, Installationen und interdisziplinäre Projekte. Seine Arbeiten und Aktionen greifen meist politische und historische Themen auf, insbesondere die Zeit des Nationalsozialismus in Deutschland und Österreich. Ab 1994 Aktionen und Kunstprojekte zur Erinnerung an die Bücherverbrennungen von 1933. Seit 2005 „Förderung des Projektes „Nichts zu sehen?" des Fonds Soziokultur/Bundeskulturstiftung gegen die sog. „Judensau"-Skulpturen an deutschen Kirchen.

Stern, Guy: Prof. Dr. Dr. h.c., Jahrgang 1922, ist Direktor des International Institute oft he Righteous, Holocaust Memorial Center in Farmington Hills (Michigan). 1937 Emigration in die USA. Studium der Romanistik und Germanistik an der St. Louis University, am Hofstra College, Hempstead, New York und an der Columbia University, New York; 1953 Promotion.

Lehraufträge an den Universitäten Columbia, Denison, Cincinnati, Maryland. In Cincinnati auch Universitätsdekan; seit 1978 Distinguished Professor for German Studies, Wayne State University, Detroit. 1972 bis 1974 Präsident der American Association of Teachers of German. Gastprofessuren an den Universitäten Freiburg, Frankfurt am Main, Leipzig, Potsdam und München.

Auszeichnungen:

Zahlreiche Auszeichnungen und Ehrungen, unter anderem Goethe Medaille, Großes Bundesverdienstkreuz, Ehrenbürger der Stadt Hildesheim, Ritter der Französischen Ehrenlegion

Publikationen:

Zahlreiche Publikationen zur deutschen Exilliteratur und zur Komparatistik. Hauptarbeitsgebiete sind Exilliteratur, Bertolt Brecht, Kurt Weill, Aufklärung.

Grimm, Marc: Dr., wissenschaftlicher Mitarbeiter am Zentrum für Prävention und Intervention im Kindes- und Jugendalter (ZPI) der Universität Bielefeld, Forschungsaufenthalte an den Universitäten Genf (Schweiz) und Haifa (Israel). Langjährige Arbeit in der politischen Bildung, u.a. am Max Mannheimer Studienzentrum in Dachau.

Publikationen zum Thema:

Rechtsextremismus – Zur Genese und Durchsetzung eines Konzepts, Weinheim/Basel 2018.

Antisemitismus im 21. Jahrhundert. Virulenz einer alten Feindschaft in Zeiten von Islamismus und Terror, Berlin 2018 (mit Bodo Kahmann).

Flucht und Schule. Herausforderungen der Migrationsbewegung im schulischen Kontext, Weinheim/Basel 2018 (mit Sandra Schlupp).

AfD und Judenbild. Eine Partei im Spannungsfeld von Antisemitismus, Schuldabwehr und instrumenteller Israelsolidarität, in: Grigat, Stephan (Hg.): AfD & FPÖ. Antisemitismus, völkischer Nationalismus und Geschlechterbilder, Baden-Baden 2017, S. 41-60 (mit Bodo Kahmann).

ORTSREGISTER

PERSONENREGISTER

BILDNACHWEIS

Monika Schwarz-Friesel: Antisemitismus 2.0:
der „neue alte" Judenhass als Vernichtungswille
S. 31: Fathomjournal.org./2012/09/
S. 32: Twitter

Wolfram Kastner: Christliche Sauerei. Sehstörung, Verdrängung
und die Unfähigkeit zu angemessener Lösung
Sämtliche Abbildungen: Wolfram Kastner, München

Michael Koch: „So brechen die Spuren eines nur überdeckten
Judenhasses hervor" – Zeugnisse des Antisemitismus in Laupheim
als Herausforderung der Museumspädagogik
Sämtliche Abbildungen: Museum zur Geschichte von Christen und Juden,
Laupheim

ZU IHRER INFORMATION

- HAUS DER GESCHICHTE
  BADEN-WÜRTTEMBERG

- MUSEUM ZUR GESCHICHTE VON
  CHRISTEN UND JUDEN, LAUPHEIM

- LAUPHEIMER GESPRÄCHE –
  TAGUNG UND PUBLIKATIONSREIHE

- FREUNDESKREIS DES MUSEUMS
  ZUR GESCHICHTE VON CHRISTEN
  UND JUDEN IN LAUPHEIM

Haus der Geschichte Baden-Württemberg

SCHÖNE AUSSICHTEN – GESCHICHTE ALS ERLEBNISRAUM

Spannende Begegnungen mit Landesgeschichte in modernster Architektur? Dass dies möglich ist, belegt das Haus der Geschichte Baden-Württemberg schon von außen eindrucksvoll. Seine außergewöhnliche Optik an der Stuttgarter Kunst- und Museumsmeile mit überraschenden Ein- und Durchblicken fällt ins Auge und lockt den Besucher auf eine Zeitreise ins Innere. Spätestens wenn man das neugierig machende, augenzwinkernde „Baden-Württemberg-ABC" passiert hat, wird klar: Hier geht es um eine ganz besondere Annäherung an Landesgeschichte.

AUS DEM RAHMEN FALLEN

Die Dauer- und Wechselausstellungen im Haus der Geschichte Baden-Württemberg visualisieren Geschichte als lebendigen Erlebnisort. Originalobjekte, Filme, Tonaufnahmen, Fotos und interaktive Stationen gehen in spannenden Inszenierungen eine Wechselwirkung ein. So erhalten alle Ausstellungen des Hauses eine ganz eigene Prägung: Raum, Thema und Objekte verschmelzen zu einer wirkungsvollen Einheit und erlauben ungewohnte Sichtweisen.

SCHNELLKURS IM STAUNEN

Nicht nur gestalterisch fällt das Haus der Geschichte Baden-Württemberg aus dem Rahmen, auch thematisch gehen seine Ausstellungen besondere Wege. Die Geschichte Südwestdeutschlands von 1790 bis heute wird anhand von Einzelschicksalen, der Alltagshistorie und der großen Landespolitik im wahrsten Sinne des Wortes bildhaft. Von Napoleon bis zum Stuttgart-21-Bauzaun bringen einen mehr als 200 Jahre Landesgeschichte zum Staunen.

Dem chronologischen Gang durch die Zeiten folgen faszinierende Themenräume wie „Schwarzwald", „Ein-Wandererland" oder „Weltkriege". Die Ausstellungsabteilung „Haus Europa" illustriert die Bedeutung Europas für das Leben im Südwesten in den letzten 200 Jahren bis heute.

GANZ SCHÖN VIEL LOS

Sonderausstellungen und ein umfangreiches Begleitprogramm vertiefen die Themen und garantieren einen kreativen Zugang zur Landeskunde für junge wie für ältere Besucher. Geschichte neu erleben – das Haus der Geschichte Baden-Württemberg engagiert sich dafür.

INFORMATIONEN

Haus der Geschichte Baden-Württemberg
Ausstellungsgebäude: Konrad-Adenauer-Str. 16, 70173 Stuttgart
Verwaltung: Urbansplatz 2, 70182 Stuttgart
Tel.: 0711 / 212 39 50, Fax: 0711 / 212 39 59
E-Mail: sekreteriat@hdgbw.de, www.hdgbw.de

Besucherdienst: Tel.: 0711 / 212 39 89
E-Mail: besucherdienst@hdgbw.de

Spezielle Angebote für Kinder und Jugendliche:
www.hdgbw.de/das-museum/geschichtsvermittlung/kinder-und-jugendliche/

Museum zur Geschichte von Christen und Juden, Laupheim

Einst beheimatete das oberschwäbische Laupheim eine der größten jüdischen Gemeinden Württembergs. Über 200 Jahre lang prägte das Neben-, Mit- und Gegeneinander von Christen und Juden diesen Ort. Christliche wie jüdische Laupheimer hatten maßgeblichen Anteil an der Stadtentwicklung und waren gleichermaßen im wirtschaftlichen, politischen und gesellschaftlichen Geschehen der Gemeinde und weit darüber hinaus aktiv.

Die wechselvolle Beziehungsgeschichte von christlicher Mehrheit und jüdischer Minderheit ist Thema einer Dauerausstellung, die das Haus der Geschichte Baden-Württemberg für Laupheim erarbeitet hat. Diese bislang einzigartige Konzeption zeichnet in Schloss Großlaupheim die zentralen Entwicklungslinien der deutsch-jüdischen Geschichte nach und veranschaulicht am Beispiel Laupheims die verschiedenen Etappen des Zusammenlebens. Dabei reicht die Zeitspanne von den Anfängen der jüdischen Gemeinde im 18. Jahrhundert bis in die Zeit nach 1945.

Der beeindruckende wirtschaftliche und soziale Aufstieg einer jüdischen Unternehmerfamilie spiegelt sich besonders in der Geschichte der Steiners wider. Ihre Firmengründungen trugen maßgeblich zur wirtschaftlichen Entwicklung nicht nur Laupheims bei. Kilian von Steiner (1833-1903), der berühmteste Exponent dieser Familie, tat sich in besonderem Maße als Bankier, Industrieller und Mäzen im Königreich Württemberg hervor.

Bilderreich und anschaulich nacherzählte Biografien dokumentieren beispielhaft schicksalsreiche Lebenswege. So verwirklichte der gebürtige Laupheimer Carl Laemmle (1867-1939) den amerikanischen Traum vom Laufburschen zum erfolgreichen Geschäftsmann: Er ging nach Hollywood, gründete die weltbekannten Universal-Studios und schrieb damit Filmgeschichte. In mehreren, Anfang 2018 komplett neu gestalteten Räumen erinnert das Museum multimedial und interaktiv an diesen gefeierten Global Player, aber auch an den Retter zahlreicher Menschen. Nachdem Hitler an die Macht gekommen war, verhalf Carl Laemmle Verwandten und engeren Freunden mit der Ausstellung von Affidavits zur Einreise in die USA.

Entrechtung und Verfolgung der Juden setzten unmittelbar nach der Machtübernahme der Nationalsozialisten ein. Das Dritte Reich zerstörte

die christlich-jüdische Koexistenz: Am 19. August 1942 hörte die jüdische Gemeinde in Laupheim auf zu existieren. Damals wurden die letzten Juden aus Laupheim abtransportiert, viele waren schon in den Jahren zuvor geflohen.

Der schwierigen Annäherung von Christen und Juden nach 1945 widmet sich das Museum gleichermaßen. Trotz überaus leidvoller Erfahrungen nahmen einige Laupheimer Juden wieder Verbindung mit ihren einstigen christlichen Nachbarn auf: Wiederbegegnung und Erinnerung an die gemeinsame Geschichte weisen den Weg in die Zukunft.

INFORMATIONEN

Museum zur Geschichte von Christen und Juden, Laupheim
Schloss Großlaupheim
Claus-Graf-Stauffenberg-Straße 15
88471 Laupheim
Tel.: 07392 / 968 000, Fax: 07392 / 968 00 18
E-Mail: museum@laupheim.de
www.museum-laupheim.de

Träger: Stadt Laupheim
Konzeption: Haus der Geschichte Baden-Württemberg

Laupheimer Gespräche – Tagung und Publikationsreihe

Einmal im Jahr finden sich internationale Gäste in Schloss Großlaupheim zu einer Tagung zusammen, die vom Haus der Geschichte Baden-Württemberg konzipiert und von der Stadt Laupheim organisatorisch unterstützt wird. Diese Veranstaltung steht allen Interessierten offen.

Die Beiträge der Laupheimer Gespräche werden vom Haus der Geschichte Baden-Württemberg herausgegeben. Die Bände dieser Reihe erscheinen seit 2003 im Universitätsverlag Winter, Heidelberg, und sind im Haus der Geschichte Baden-Württemberg sowie über den Buchhandel erhältlich.

Tagung und Tagungsbände werden von der „Stiftung BC – gemeinsam für eine bessere Zukunft" der Kreissparkasse Biberach gefördert.

INFORMATIONEN

www.hdgbw.de/laupheimer-gespraeche

- **Tagung 2019**: Israel und Pälastina: Geschichte und aktuelle Situation
  Der Tagungsband wird 2020 erscheinen.

- **Tagung 2018**: Antisemitismus in Geschichte und Gegenwart
  Der Tagungsband erschien unter dem Titel: Antisemitismus in
  Geschichte und Gegenwart, Heidelberg 2019.

- **Tagung 2017**: Jüdische Politiker in Vergangenheit und Gegenwart
  Der Tagungsband erschien unter dem Titel: Politiker jüdischer Herkunft
  in Vergangenheit und Gegenwart, Heidelberg 2018.

- **Tagung 2016**: Bekannt aus Funk, Film und Fernsehen
  Der Tagungsband erschien unter dem Titel: Bekannt aus Fernsehen,
  Film und Funk, Heidelberg 2017.

- **Tagung 2015**: Die dritte Generation –
  Die Kriegsenkel und die Geschichte
  Der Tagungsband erschien unter dem Titel: Die dritte Generation
  und die Geschichte, Heidelberg 2016.

- **Tagung 2014**: „Der verwaltete Raub" – „Arisierung" und
  Versuche der Wiedergutmachung
  Der Tagungsband erschien unter dem Titel: „Unrecht Gut gedeiht
  nicht" – „Arisierung" und Versuche der Wiedergutmachung,
  Heidelberg 2015.

- **Tagung 2013**: „Hoffet mit daheim auf fröhlichere Zeit" –
  Juden und Christen im Ersten Weltkrieg
  Der Tagungsband erschien unter dem Tagungstitel, Heidelberg 2014.

• **Tagung 2012**: „Grau ist bunt" – Vom Älterwerden und Alter
im Judentum mit Ausblicken auf das Christentum
Der Tagungsband erschien unter dem Titel: „Ich glaube an das Alter,
lieber Freund" – Vom Älterwerden und Alter (nicht nur) im Judentum,
Heidelberg 2013.

• **Tagung 2011**: Jüdische Kindheit und Jugend
Der Tagungsband erschien unter dem Tagungstitel, Heidelberg 2012.
• **Tagung 2010**: Jüdische Feste – gelebter Glaube
Der Tagungsband erschien unter dem Tagungstitel, Heidelberg 2012.

• **Tagung 2009**: Helfer im Verborgenen –
Retter jüdischer Menschen in Südwestdeutschland
Der Tagungsband erschien unter dem Tagungstitel, Heidelberg 2012.

• **Tagung 2008**: Antisemitischer Film
Der Tagungsband erschien unter dem Titel:
Antisemitismus im Film, Heidelberg 2011.

• **Tagung 2007**: Der christlich-jüdische Dialog im deutschen
Südwesten in Vergangenheit und Gegenwart
Der Tagungsband erschien unter dem Titel:
Der christlich-jüdische Dialog, Heidelberg 2010.

• **Tagung 2006**: Juden und Sport im deutschen Südwesten
Der Tagungsband erschien unter dem Titel: „Vergessen die vielen Medail-
len, vergessen die Kameradschaft" – Juden und Sport im deutschen Südwesten, Heidelberg 2010.

• **Tagung 2005**: Der Umgang mit der Erinnerung an jüdisches Leben
im deutschen Südwesten
Der Tagungsband erschien unter dem Titel: Der Umgang mit der Erinnerung – Jüdisches Leben im deutschen Südwesten, Heidelberg 2010.

* **Tagung 2004**: „Welche Welt ist meine Welt?" – Jüdische Frauen
im deutschen Südwesten
Der Tagungsband erschien unter dem Tagungstitel, Heidelberg 2009.

* **Tagung 2003**: Jüdische Kunst- und Kulturschaffende
aus dem deutschen Südwesten
Der Tagungsband erschien unter dem Titel: Jüdische Künstler und
Kulturschaffende aus Südwestdeutschland, Heidelberg 2009.

* **Tagung 2002**: Jüdische Unternehmer und Führungskräfte im
19. und 20. Jahrhundert
Der Tagungsband erschien unter dem Titel: Jüdische Unternehmer und
Führungskräfte in Südwestdeutschland 1800-1950. Die Herausbildung
einer Wirtschaftselite und ihre Zerstörung durch die Nationalsozialisten,
Berlin 2004.

* **Tagung 2001**: Auswanderung, Flucht, Vertreibung, Exil im
19. und 20. Jahrhundert
Der Tagungsband erschien unter dem Tagungstitel, Berlin 2003.

* **Tagung 2000**: Nebeneinander. Miteinander. Gegeneinander?
Zur Koexistenz von Juden und Katholiken in Süddeutschland
im 19. und 20. Jahrhundert
Der Tagungsband erschien unter dem Tagungstitel, Gerlingen 2002.

Freundeskreis des Museums zur Geschichte von Christen und Juden in Laupheim

Am 12. Dezember 2007 wurde der Freundeskreis des Museums zur Geschichte von Christen und Juden in Laupheim aus der Taufe gehoben.

VIELFALT ALS CHANCE – DIE GEMEINSAME GESCHICHTE VON CHRISTEN UND JUDEN

Ziel dieses eingetragenen Vereins ist laut Satzung „die Förderung und Pflege des Museums zur Geschichte von Christen und Juden und des Gedenkens der jüdischen Geschichte in Laupheim und Umgebung, insbesondere die ideelle und materielle Unterstützung des Museums bei seinen Aktivitäten". Die gesammelten Spenden und Beiträge finden Verwendung „für Vorträge und Veranstaltungen, für didaktische Publikationen und Aktionen, vor allem für Schüler und Jugendliche, für Werbemaßnahmen und Publikationen, für den Erwerb von Sammlungen und Exponaten". Eine eigenständige Stiftung steht dem Verein zur Seite und unterstützt begleitend seine Ziele.

EINE EINZIGARTIGE CHANCE

Der Freundeskreis macht sich für das Laupheimer Museum als einzigartige Chance zum lernenden Nachdenken stark. Es verdeutlicht die Geschichte von Menschlichem und unvorstellbar Unmenschlichem. Zugleich offenbart es die Notwendigkeit von Toleranz und Weltoffenheit für ein konstruktives Zusammenleben in gegenseitigem Verständnis – denn alles Zukünftige baut auf Vergangenem auf.

INFORMATIONEN

Prof. Dr. Nikolaus F. Rentschler
Vorsitzender des Freundeskreises
des Museums zur Geschichte von
Christen und Juden in Laupheim e. V.
Mittelstraße 18
88471 Laupheim
Tel.: 07392 / 9384 100
Fax: 07392 / 9384 101
E-Mail: fmcj@rentschler.de

Freundeskreis
des Museums zur Geschichte von
Christen und Juden in Laupheim e.V.